电动汽车分时租赁
商业模式和能源环境效益评估

张 博　王 娜　杨耀坤　卢 强　著
刘宏骏　梁韵琳　沈 铮

机械工业出版社

《电动汽车分时租赁：商业模式和能源环境效益评估》从电动汽车分时租赁的概念和国内外发展现状出发，深入研究了电动汽车分时租赁商业模式及其关键影响因素，系统构建了商业模式经济性评估模型和能源环境效益评估模型，初步探讨了电动汽车分时租赁动力电池回收利用相关问题。本书将理论模型应用于分时租赁具体案例，验证了理论模型的有效性，并为运营商提出了发展对策和建议。

本书主要供电动汽车生产企业、汽车分时租赁运营商和政府相关管理人员阅读，也可供高等院校相关专业师生参考。

图书在版编目（CIP）数据

电动汽车分时租赁：商业模式和能源环境效益评估 / 张博等著. — 北京：机械工业出版社，2021.6
ISBN 978-7-111-67875-5

Ⅰ.①电⋯ Ⅱ.①张⋯ Ⅲ.①电动汽车 – 租赁业务 Ⅳ.①F540.5

中国版本图书馆CIP数据核字（2021）第056086号

机械工业出版社（北京市百万庄大街22号　邮政编码100037）
策划编辑：赵海青　孟　阳　责任编辑：孟　阳
责任校对：陈　越　　　　　封面设计：马精明
责任印制：张　博
北京宝隆世纪印刷有限公司印刷
2021年6月第1版第1次印刷
169mm×239mm・9印张・144千字
0001—2500册
标准书号：ISBN 978-7-111-67875-5
定价：69.90元

电话服务　　　　　　　　　网络服务
客服电话：010-88361066　　机　工　官　网：www.cmpbook.com
　　　　　010-88379833　　机　工　官　博：weibo.com/cmp1952
　　　　　010-68326294　　金　书　网：www.golden-book.com
封底无防伪标均为盗版　机工教育服务网：www.cmpedu.com

前言
Preface

当前，能源和环境问题影响着全球经济发展和社会生活。为应对相关危机，众多国家都将发展电动汽车作为重要的战略方向。荷兰、法国和英国等国家提出了禁售传统燃油汽车时间表，丰田、大众和宝马等头部汽车制造企业纷纷转型布局电动汽车领域，电动化已成为汽车产业发展的主要趋势之一。

我国政府高度重视新能源汽车发展，国务院办公厅在 2020 年 11 月印发的《新能源汽车产业发展规划（2021—2035 年）》中，提出了 2025 年新能源汽车新车销量占比要达到当年新车销量 20% 左右的目标。

随着共享经济在全球的盛行，分时租赁这一电动汽车商业模式也走上了快行道，成为推广电动汽车的重要途径之一。目前，大部分分时租赁企业所运营的车辆都是电动汽车，但盈利模式尚不明确，仍处于市场启动期。此时，对电动汽车分时租赁商业模式进行科学系统的评估显得尤为重要。通过评估，可了解影响经济性的关键因素，并可有针对性地提出改善经济性的对策和建议。

电动汽车分时租赁对能源和环境的影响，与运营车型、运营效率等因素密切相关。通过分析不同替代场景下电动汽车分时租赁的能源和环境影响，可在考虑分时租赁模式的经济效益之时，比较分析其社会效益，从而综合研判、评估电动汽车分时租赁商业模式发展前景。

作为电动汽车推广阶段至关重要的环节，动力电池回收利用问题已经得到广泛关注。由于分时租赁电动汽车具有车辆统一运营管理、统一维修和统一充换电等特点，其废旧动力电池回收利用的经济性相比私家电动汽车更具优势。随着分时租赁电动汽车的逐步推广，营运车辆的回收利用问题也将成为影响行业发展的重要因素。

有鉴于此，本书在分析国内外电动汽车分时租赁发展和研究现状的基础上，剖析了电动汽车分时租赁商业模式及其关键影响因素，构建了电动汽车分时租赁商业模式经济性评估模型和能源环境效益评估模型，研究了电动汽车分时租赁动力电池回收利用相关问题，同时以某电动汽车分时租赁运营商为例，开展了翔实的案例研究和评估，力求为电动汽车分时租赁运营商提出有效的对策和建议。

随着电动汽车技术的进步，电动汽车商业模式必将不断创新发展。未来几年，在新冠肺炎疫情等因素影响下，发展受阻的汽车分时租赁模式将完成市场洗牌，进入新一轮发展周期。本书仅是对现有研究和实践成果的总结，随着电动汽车推广工作的不断深入，以及分时租赁商业模式的不断变化，相关评估模型也需进一步调整和完善。

笔者在编写本书的过程中得到了多位专家的指导以及相关企业的支持，在此表示诚挚的感谢。笔者希望本书能对电动汽车生产行业、汽车分时租赁行业的朋友有所助益。

由于编写时间仓促，书中难免有疏漏之处，恳请读者朋友批评指正。

目录
Contents

前言

第1章 概述 // 1

    1.1 研究背景和意义 // 1

    1.2 研究内容和方法 // 3

        1.2.1 研究内容 // 3

        1.2.2 研究方法 // 4

    1.3 研究思路 // 6

第2章 电动汽车分时租赁概述 // 9

    2.1 分时租赁概念及发展历程 // 9

    2.2 国外电动汽车分时租赁发展现状 // 10

        2.2.1 发展概况 // 10

        2.2.2 典型运营企业 // 12

    2.3 国内电动汽车分时租赁发展现状 // 15

        2.3.1 发展概况 // 15

        2.3.2 典型运营企业 // 18

第3章 电动汽车分时租赁国内外研究现状 // 21

3.1 国外研究现状 // 21

    3.1.1 商业模式研究 // 21
    3.1.2 用户动机及行为特征研究 // 23
    3.1.3 环境影响研究 // 23

3.2 国内研究现状 // 24

    3.2.1 商业模式研究 // 24
    3.2.2 用户行为特征研究 // 25

第4章 电动汽车分时租赁商业模式 // 27

4.1 电动汽车商业模式概述 // 27

    4.1.1 整车销售模式 // 27
    4.1.2 整车租赁模式 // 28
    4.1.3 车电分离模式 // 29
    4.1.4 融资租赁模式 // 29

4.2 分时租赁商业模式及分类 // 30

第5章 电动汽车分时租赁商业模式经济性评估 // 33

5.1 评估关键因素及说明 // 33

    5.1.1 车辆 // 33
    5.1.2 充电网络 // 34
    5.1.3 站点/网点建设 // 37
    5.1.4 维保体系 // 38
    5.1.5 租赁服务 // 38
    5.1.6 分时租赁金融模式 // 39
    5.1.7 分时租赁价格体系 // 39

5.2 评估模型构建 // 41

    5.2.1 利润模型 // 41
    5.2.2 收益模型 // 42

5.2.3 成本模型 // 43

5.3 数据来源与收集 // 44

第6章 电动汽车分时租赁能源环境效益评估 // 46

6.1 分时租赁能源环境效益来源 // 46

6.2 评估边界与评估指标 // 48

6.2.1 评估边界 // 48
6.2.2 评估指标 // 48

6.3 不同情境评估模型构建 // 49

6.3.1 分时租赁电动汽车替代私家燃油汽车 // 49
6.3.2 分时租赁电动汽车替代私家电动汽车 // 51

6.4 关键参数及数据来源 // 52

6.4.1 燃料周期 // 52
6.4.2 车辆周期 // 55

第7章 电动汽车分时租赁动力电池回收利用 // 56

7.1 动力电池回收利用技术可行性分析 // 56

7.1.1 动力电池回收利用技术发展现状 // 56
7.1.2 动力电池回收利用技术经济性分析 // 63

7.2 国内外动力电池回收利用经验 // 66

7.2.1 美国动力电池回收管理体系 // 67
7.2.2 德国动力电池回收管理体系 // 68
7.2.3 日本动力电池回收管理体系 // 69
7.2.4 国外动力电池回收体系相关启示 // 70
7.2.5 国内外动力电池回收利用企业经验 // 71

7.3 动力电池回收利用国内政策和标准 // 74

7.3.1 动力电池回收利用相关政策 // 74
7.3.2 动力电池回收利用相关标准 // 81

7.4　电动汽车分时租赁动力电池回收利用前景　// 83

第 8 章　案例分析　// 85

8.1　运营商基本情况　// 85

8.2　商业模式经济性评估结果与展望　// 89

8.2.1　现状评估　// 89
8.2.2　关键影响因素识别　// 97
8.2.3　分析与展望　// 102

8.3　能源环境效益评估结果与展望　// 108

8.3.1　现状评估　// 108
8.3.2　分析与展望　// 112

8.4　动力电池回收利用　// 120

8.4.1　光储充系统简介　// 120
8.4.2　动力电池回收体系　// 122

第 9 章　结论与展望　// 123

9.1　主要结论及建议　// 123

9.1.1　商业模式　// 123
9.1.2　能源环境效益　// 126
9.1.3　动力电池回收利用　// 128

9.2　运营商发展对策及展望　// 128

9.2.1　发展对策　// 128
9.2.2　发展展望　// 129

致谢　// 130

参考文献　// 131

第1章 概　述

1.1 研究背景和意义

在政策和市场的共同作用下，电动汽车近几年取得了突飞猛进的发展。截至2020年底，我国电动汽车保有量已接近500万辆。当下，相对传统燃油汽车，电动汽车购置成本较高、续驶里程较短且充电基础设施尚不完善，因此，在私人领域尚不具备大规模推广的显著优势。另一方面，电动汽车具备噪声小、加速快、使用和保养成本低等优势，因此成为分时租赁运营商的首选。

电动汽车分时租赁商业模式以实现电动汽车的多人分时共享为目标，致力于提高电动汽车使用效率，减少环境污染[1]，是推广应用电动汽车的一种有效途径。分时租赁不仅可以降低用户的交通成本，提高出行的灵活性[2]，还可以有效缓解消费者对电动汽车续驶里程的担忧[3-4]，缓解交通拥堵[5]和停车困难等问题，降低消费者的购置成本和政府的推广成本。通过以较低成本使用电动汽车，可以提高消费者对电动汽车的认识度和接受度，加快电动汽车在私人领域的推广。

根据普华永道预测，我国共享出行市场发展速度将超过全球水平，到2030年年均增速为32%[6-7]。目前，国内开展电动汽车分时租赁业务的运营商超过二十家，以北京、上海、深圳、杭州及重庆为代表的城市开始不断推广电动汽车分时租赁服务，主要以整车厂、租车公司及互联网公司为发起方，大都处于起步期[8-10]，同时均面临资产重、充电难、车辆使用率不高等难题[11]，多数分时租赁运营商处于亏损状态。

分时租赁包括多种商业模式。对不同分时租赁商业模式进行探索，并进行经济性评估，总结其运营特点及合理性，可使运营商匹配适合自身条件的商业模式。此外，分时租赁包括车辆、充电网络、维保体系、金融和运营服务等成本，通过对各项成本进行经济性评估，挖掘降成本潜力并探索未来发展趋势，对运营商具有重要指导意义。

从环境影响角度看，电动汽车对环境的影响主要集中在车辆生产和电力生产环节，车辆运行过程中处于污染物零排放状态。分时租赁模式对环境的影响还涉及人们出行方式的改变导致的污染物排放减少。通过全生命周期理论建立电动汽车分时租赁环境影响评估模型，定量评估电动汽车分时租赁的能源环境影响，识别关键影响因素，并从改善环境影响的角度在运营模式、车辆选型等方面提出改进措施，有助于推动我国电动汽车分时租赁事业可持续发展。

随着电动汽车的不断报废和更换，动力电池回收问题逐渐成为行业关注的焦点。在2020年10月发布的《新能源汽车产业发展规划（2021—2035年）》中，提出到2025年新能源汽车新车销售量达到汽车新车销售总量的20%左右，预计2025年新能源汽车保有量将超过3000万辆。车用动力电池有一定使用寿命，根据国家标准要求，当车用动力电池放电容量低于初始容量的80%时，不能满足车用要求，需更换新车用动力电池，以维持车辆使用性能[12]。由于使用工况不同，不同车型动力电池容量衰减速度有一定差异。用于分时租赁的电动汽车的动力电池衰减速度也会因使用频率的不同而不同。随着我国分时租赁电动汽车规模的不断扩大，动力电池累计退役量也将大规模增长。

动力电池回收利用对资源环境的保护具有重要意义。从资源保护角度，我国镍、钴资源储量分别占全球储量的3.6%和1%，随着电动汽车的不断发展，这些金属资源将陷入严重不足的状态，而废旧三元锂动力电池含有大量的镍、钴、锰、锂等金属，磷酸铁锂动力电池的锂含量高达1.1%，建立动力电池回收利用体系，有助于缓解电动汽车大规模发展造成的资源紧缺问题，保证电动汽车产业可持续发展。从环境保护角度，如果不能对废旧动力电池科学合理地进行回收处理，则其内部的镍、钴等金属，以及酸、碱等电解质溶液对自然环境和人类健康将产生较大威胁。另外，动力电池回收利用能减少镍、钴、锰等金属的矿采量，进而减少矿采产生的废水、废气和废渣，减少二氧化硫、砷、氟、汞、镉、铅等有毒物质的排放量。

对电动汽车分时租赁的经济性、能源环境效益和动力电池回收利用进行全面、客观的评估，是验证分时租赁模式作为一种电动汽车应用推广方式，是否具备可持续发展性的重要依据。同时，评估模型的构建也可为车辆选型、模式优化等问题提供理论支撑。对动力电池回收技术和方案的探索，将有助于实现我国电动汽车产业的绿色和循环发展。

1.2 研究内容和方法

1.2.1 研究内容

本书分析了电动汽车分时租赁的发展现状和商业模式，建立了经济性和能源环境效益评估模型，探索了分时租赁模式下动力电池回收的技术可行性和国际经验。同时，基于某运营商的实际数据，对分时租赁模式的经济性和能源环境效益进行了评估，详述了其在动力电池回收领域进行的探索。

主要研究内容如下：

1）电动汽车分时租赁概述和研究现状。阐述电动汽车分时租赁模式的概念、国内外发展现状以及研究现状。

2）电动汽车分时租赁商业模式和经济性评估。在分析电动汽车主要商业模式的基础上，明确分时租赁商业模式和涉及各参与方的分工，并根据分时租赁的具体特征，分析运营商的成本效益，建立经济性评估模型，标明主要参数和数据获取渠道。针对运营商建立以年利润为目标函数的经济性评估模型，涉及成本和收益两大部分，成本涵盖车辆、充电网络、维保体系、金融和运营服务等方面，收益包括租赁收入、车辆处置收入和广告收入等增值性收入。

3）电动汽车分时租赁模式的能源环境效益评估。分析电动汽车分时租赁能源环境效益的主要来源，建立评估边界和评估指标，针对分时租赁电动汽车替代私人电动汽车以及分时租赁电动汽车替代私人燃油汽车两种情境，构建能源环境效益评估模型，对重点参数及数据来源进行说明。

4）电动汽车分时租赁动力电池回收利用。在分析动力电池回收利用技术发展现状的基础上，对比几种回收利用技术的经济性，分析总结电动汽车分时租赁模式下动力电池回收利用的可行性和前景。同时，结合国内外动力电池回收利用相关经验，研究我国动力电池回收利用的相关政策和标准发展。

5）案例分析。将某运营商的实际运营数据，代入第2）、3）部分构建的经济性评估和能源环境效益评估模型中。

首先，分析该运营商的基本情况，通过经济性评估模型计算，得出其总体盈利情况和成本构成，并对车辆、充电网络等子模块进行经济性评估，得到各模块的成本构成和变化趋势。接着对比分析不同商业模式的成本情况，识别不同商业模式的关键影响因素，并得出不同影响因素的盈亏平衡点，展望该运营商的盈利前景。

其次，选取典型车型，分析车辆的能量消耗、续驶里程、动力性能和排放性能等，应用构建的能源环境效益评估模型，计算评估典型车型的能源环境效益，并分析能量消耗率、日均行驶里程、环境温度、运营年限和电网结构等关键因素变化对能源环境效益的影响。

最后，介绍该运营商在动力电池回收利用方面的实践经验。

6）结论和建议。针对本书研究的电动汽车分时租赁经济性评估、能源环境效益评估和动力电池回收利用等问题，提出针对性结论和建议，为相关运营商的未来发展提供综合策略。

1.2.2 研究方法

本书应用的研究方法主要有实地调研法、案例研究法、构建模型法、情景分析法和生命周期评价法等。

1. 实地调研法

实地调研法是在没有理论假设的基础上，研究者直接参与调研活动并搜集资料，然后依靠本人的理解和抽象概括，从经验资料中得出一般性结论的研究方法。实地调研法分为访问调研法、观察调研法和实验调研法。其中，访问调研法又称访问询问法，指调研人员采用访谈、询问的方式向被调研者了解相关情况。观察调研法指调研员凭借自己的感官和各种记录工具，深入调研现场，在被调研者未察觉的情况下，直接观察和记录被调研者行为，以收集信息。实验调研法指调研者有目的、有意识地改变一个或几个影响因素，以观察市场现象在这些因素影响下的变动情况，从而认识市场现象的本质特征和发展规律。

本书在电动汽车分时租赁典型成本收益构成及典型案例分析部分，采用实地调研方法，调研了主要城市分时租赁服务的典型成本收益构成，并进行总结，得出典型分时租赁成本收益中包含的要素及相互关系的一般性结论。

2. 案例研究法

案例研究是一种经验性研究，研究对象是现实社会经济现象中的事例证据及变量间的相互关系，其特点是致力于在现实情境中研究时下现象，且这种现象与现实情境没有明显界限。

本书在构建电动汽车分时租赁经济性评估和能源环境效益理论模型的基础上，以某运营商作为研究案例，以其实际运营数据作为输入，探讨模型结果与各变量之间的关系。

3. 构建模型法

在商业模式模型化表达过程中出现了计算机仿真模拟、结构化表达和逻辑化表达三大类模型。计算机仿真模拟指先将现实中的商业系统抽象描述为数学模型，再转化为计算机求解的仿真模型，最后编制程序运行，进行仿真实验并显示模拟结果。结构化表达指提炼商业模式的关键构成元素，将不同元素组合成不同模块，并以结构化方式来呈现不同模块及其构成要素。逻辑化表达指在提炼要素并将其组合成模块的基础上，阐明不同要素或/和模块之间的逻辑关系，涉及企业内部的决策、结果和反馈，旨在揭示商业模式所蕴含的特定商业逻辑。

通过调研我国某运营商分时租赁运行情况，本书在电动汽车分时租赁成本收益研究部分，总结该项目成本和收益的要素及相互关系。采用计算机仿真模拟方式构建了基于车辆购置、充电桩建设、网点建设和运营管理等维度的成本收益模型，将项目中实际运行的数据代入模型，显示模拟结果，并应用国外分时租赁项目有效数据进行模型验证。在能源环境效益研究部分，根据电力结构、车辆数据和运营数据等建立评估模型。

4. 情景分析法

情景分析法（Scenario Analysis）是在对经济、产业或技术的重大演变提出各种关键假设的基础上，通过对未来情景的详细、严密推理和描述，来构想应对未来情景的可能方案。这是一项提供环境全景描述的方案，可随时监测影响因素的变化，对方案做相应调整，最终为决策服务。

本书在电动汽车分时租赁成本收益实证研究部分，基于一些关键影响因素，采用情景分析法构建不同商业模式情景，对比分析不同情景下运营商的成本状况，对各主要因素进行敏感性分析，为得出最终结论服务。

5. 生命周期评价方法

生命周期评价（Life Cycle Assessment，LCA）是对贯穿产品或工艺系统生命周期——从获取原材料、加工、生产、运输、使用，直至生命末端的处理、循环和最终处理的环境因素和潜在影响的研究。

国际标准化组织（International Organization for Standardization，ISO）给出的定义：LCA是一套系统的方法，可以对整个产品或服务系统生命周期中，所有与产品或服务系统存在直接联系的资源使用、能源的投入、物质产出与生态影响进行数据的收集和量化。

国际环境毒理学与化学学会（SETAC）的定义：LCA是一种客观的方法，用以衡量产品的生产工艺及生产活动给环境带来的负担，针对产品能量的消耗、资源的使用以及排放物对自然环境的影响提出改善建议或者优化方案，并且对各种改善环境的建议和方案做出评估。

LCA贯穿于产品生产工艺和活动的整个过程，包括矿物开采、原材料生产、产品制造、运输销售、产品使用和回收处置或再利用。LCA的主要目的是对一个产品、工序或生产活动的环境后果进行科学且系统的定量研究。

本书在能源环境效益评估部分，应用LCA理论分析了分时租赁电动汽车与私人电动汽车、私人燃油汽车相比，在车辆周期和燃料周期内的能源消耗差异，清晰、完整地呈现了分时租赁电动汽车的能源环境效益。

1.3 研究思路

本书在分析电动汽车分时租赁行业现状的基础上，构建了电动汽车分时租赁商业模式的经济性和能源环境效益评估模型，分析了动力电池回收的技术可行性和相关经验，并以某运营商为案例进行了详细计算和分析，最终得出结论，针对分时租赁运营商的发展提出相关建议，如图1-1所示。

1）商业模式和经济性评估（图1-2）。确定分时租赁商业模式及主要相关方，通过选取分时租赁模式的典型车型，细化分析各项成本和收益，设定不同发展情景，构建分时租赁运营商经济性评估模型，提出模型主要参数。在案例分析中，应用某运营商实际数据计算评估结果，分析主要影响因素。

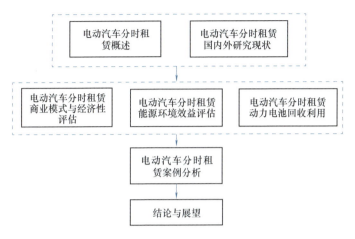

图 1-1　本书主要研究思路

2）能源环境效益评估（图 1-2）。通过评估对比私人燃油车和私人电动汽车，建立电动汽车分时租赁能源和环境效益评估模型，分析影响评估结果的主要因素。在案例分析中，应用某运营商及其所在地实际数据，计算能源环境效益评估结果。

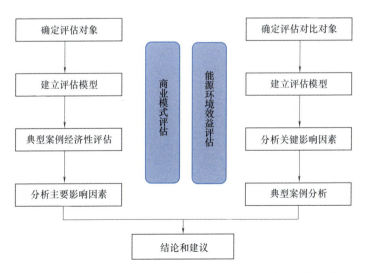

图 1-2　电动汽车分时租赁商业模式和能源环境效益评估思路

3）动力电池回收技术和政策研究。通过总结国内外回收利用企业发展经验，分析当前的动力电池回收利用主流技术及其发展趋势，确定技术可行性。在分析经济性和能源环境效益的基础上，选择并确定适合分时租赁模式的回收利用技术。总结国内外企业动力电池回收利用及管理经验，探索分时租赁电动汽车动力电池回收利用可行方案。在案例分析中，探讨了某运营商回收利用的实际情况。

第 2 章
电动汽车分时租赁概述

2.1 分时租赁概念及发展历程

在国外，汽车分时租赁称为"汽车共享"（Car-Sharing），概括而言指多人共用一辆车，开车人对车辆只有使用权，没有所有权，由汽车共享公司承担车辆的调配、保险和停放等责任。2017 年 8 月，我国交通运输部、住房和城乡建设部在联合发布的《关于促进小微型客车租赁健康发展的指导意见》中提到：分时租赁，俗称汽车共享，是以分钟或小时等为计价单位，利用移动互联网、全球定位等信息技术构建网络服务平台，为用户提供自助式车辆预定、车辆取还、费用结算为主要方式的小微型客车租赁服务，是传统小微型客车租赁在服务模式、技术、管理上的创新，改善了用户体验，为城市出行提供了一种新的选择，有助于减少个人购车意愿，一定程度上缓解城市私人小汽车保有量快速增长趋势以及对道路和停车资源的占用。

汽车共享模式起源于欧洲。1948 年，瑞士苏黎世合作社在苏黎世成立了"自驾车合作社"，其理念为合作社的某位会员用完车后，将车钥匙交给另一位有用车需求的会员。"自驾车合作社"可算作第一家真正意义上的汽车共享组织。随着电子技术在汽车上的规模化应用，汽车共享服务得以缓步发展。1970 年，汽车共享项目开始提供系统性服务，代表项目为法国的 ProcoTip 系统，由于技术上的限制，该系统仅维持运营了 2 年。Witkar 项目诞生于阿姆斯特丹，运用电子技术来预订和规范车辆，覆盖城市的大部分车站。该项目持续运营到 20 世纪 80 年代中后期，最终因各方面限制而作罢，值得一提的是，其应用的车型为小型电动汽车。20世纪90年代初,汽车共享模式传入北美地区,先后催生了一批大型公司,例如 Autolib、City Car Club、Green Wheels、Just Share It、Stadtmobil、Zoom 和 Zipcar 等。截至1999年,北美地区已拥有9个具备一定规模的汽车共享组织,其中4个是商业性组织。到2004年,美国已有20多个城市发展了汽车共享服务组织。2009年,美国 Zipcar 公司成为世界上最大的汽车共享服务公司,拥有6000多辆汽车以及超过275000名会员。2010年后,汽车共享行业持续发展,整车制造商也纷纷开展了试探性运营,运营车型包括传统燃油汽车和电动汽车,例如戴姆勒的 car2go 项目、宝马的 On Demand 项目、雷诺的 Twizy Way 项目和丰田的 CMOS 项目。

2.2 国外电动汽车分时租赁发展现状

2.2.1 发展概况

随着共享经济理念在全球盛行,汽车共享模式也开始快速发展。目前,电动汽车分时租赁业务在欧洲、北美洲发展规模最大。在亚洲,日本的租赁车辆规模和会员数量近年也有较大提高。

经过近20年发展,汽车共享在美国已经成为一个较成熟的行业。美国最早开展的分时租赁项目称为 Zipcar。该项目于2000年创立并运营,2013年被汽车租赁服务公司 Avis Budget Group 以4.91亿美元的价格收购。随后,Zipcar 的业务拓展至加拿大、英国、西班牙和奥地利等地,在全球拥有超过100万名会员、1.2万辆汽车,在超过500座城市和600所大学中运营。Zipcar 提供的车辆品牌/型号超过60种,包括 SUV、皮卡、轿车和货车。Zipcar 的会员费用为70美元/年或7美元/月,小时费用从7.50美元/h起步。在 Zipcar 调查的"千禧一代"中,一半受访者表示,如果其他交通工具(例如公共交通和汽车共享)可用,他们就会少开车;35%的受访者表示,他们正在积极寻找替代驾驶方式。加入 Zipcar 后,65%的会员使用公共交通的频率与使用 Zipcar 相同或更高,43%的会员骑自行车的频率与使用 Zipcar 相同或更高,79%的会员步行的频率与使用 Zipcar 相同或更高[13]。更多年轻人青睐汽车的使用权而非所有权,以及较低的使用费用(Zipcar 的会员报告称,与拥有汽车相比,平均每月节省600美元),这是促使汽车企业积极投入汽车共享行业的原因。

在法国，最有代表性的项目是 Autolib。该项目 2011 年诞生于巴黎，由政府委托博洛雷集团运营，随后拓展到里昂、波尔多地区，2015 年开始向海外拓展市场，在英国伦敦和美国印第安纳波利斯等地运营，最终部署的电动汽车有 4000 辆，自助停泊站 1100 多个。到 2016 年，Autolib 的用户达到 10 万人。该项目租赁车型全部为纯电动汽车，在巴黎分布有租赁站点约 800 个，平均每个租赁站点有 5 个充电桩。巴黎市政府对 Autolib 项目的支持力度很大，不仅协助解决了场地问题，还根据其盈利状况制定了相应的分红和补贴政策，一定程度上减轻了企业负担。然而，2017 年 1 月，博洛雷集团称该项目已亏损近 1.8 亿欧元。同年 6 月，巴黎市政府决定终止与博洛雷集团的合作，Autolib 项目随即终止。所幸汽车共享服务在巴黎并未终结，巴黎市政府转而与其他企业开展合作。

法国车企也积极开展了分时租赁业务。雷诺与 Ferrovial 合作，从 2017 年开始在马德里提供 Zity 汽车共享服务，2020 年 3 月服务拓展至法国巴黎，初期投放 500 辆雷诺 Zoe 纯电动汽车。雷诺采用的业务模式不收取会员费，只按分钟计费或按固定时间（分为 4、8 和 24h）计费。车型方面，从 A0 级别的 Zoe 开始，逐渐拓展到低价版 K-ZE 及 A00 级别车辆。PSA 在 2016 年 9 月底成立了移动出行品牌 Free2Move，在欧洲主要城市开展包括分时租赁在内的移动出行服务，目前注册用户已超过 100 万人。

在德国，汽车分时租赁服务的兴起始于戴姆勒旗下的分时租赁运营商 car2go。该公司成立于 2008 年，当年 10 月开始在德国南部城市乌尔姆推出汽车分时租赁测试项目，后于 2009 年正式推出名为 car2go 的汽车共享服务。car2go 采用随取随用、即租即还、按分钟计费的运营模式，目的是为人们提供全新的交通解决方案。经过十余年发展，德国已有十余家汽车分时租赁运营商，采用有固定网点模式或无固定网点模式运营。在众多汽车分时租赁运营商中，car2go 和 DriveNow 的规模最大。其中，DriveNow 开展分时租赁业务的主要目的是推广宝马的新产品—i3。2019 年，宝马和戴姆勒合资成立出行公司 Share Now，将 car2go 和 DriveNow 业务整合，未来业务聚焦于 18 个欧洲城市，服务项目包括共享汽车、网约车、代客停车、充电网络和多模式联运等。

2019 年，大众开始打造 We Share 纯电动汽车分时租赁服务。初期在柏林投放了 1500 辆 e-Golf 和 500 辆 e-up！，从 2020 年开始投放基于 MEB 平台打造的 ID 系列车型。大众通过与 Schwarz 集团公司合作，保障其共享车队的运营。同时，通过与 Lidl 和 Kaufland 连锁超市建立战略伙伴关系，在 60 家 Lidl 和 10 家 Kaufland 门店安装了 140 个公共充电桩，在特定时间内为 We Share 车辆充电，以提高充电桩的使用率。

在日本，由于人口密度高、交通体系发达、居民环保意识较强，汽车分时租赁行业发展较快。截至 2019 年 1 月，日本拥有分时租赁车辆超过 10 万辆，会员人数超过 100 万。除少数企业在全国范围内运营外，大多数企业专注于某个城市的市场，尤其是东京、大阪、福冈等大型发达城市。日本规模最大的汽车分时租赁企业是 Park24 下属的 Times Mobility 公司，该公司（原名 Times 24）2005 年在广岛市西区成立，2009 年将 24h 停车场业务并入马自达，2011 年将停车场业务正式剥离，之后开始大力拓展汽车分享业务，并在日本全国范围内运营。Park24 是日本最大的停车管理公司，拥有 13000 多个停车场，其中 7000 个已经或正在转型为汽车共享区。截至 2020 年 6 月，该公司拥有车辆 55585 辆，其中共享车辆 27870 辆。Park24 的日本本土用户超过 50 万人，其中 20%~30% 为年轻人。凭借原有停车数据中心强大的实时数据监测功能，Park24 能为用户提供就近"秒借秒还"服务。凭借压倒性的车辆数量优势和停车场资源，Park24 占据了日本国内 70% 的汽车分时租赁市场[14]。

2.2.2 典型运营企业

1. 基本运营情况

2009 年，商用车制造商戴姆勒集团率先在德国乌尔姆推出"创新的城市绿色出行方案"car2go，并成为相关环保理念的倡导者和执行者。car2go 存在的一个重要意义在于向公众宣传电动汽车，car2go 电动汽车服务有助于使公众接受采用电动汽车出行的生活方式。car2go 打破了按天计费和在门店租车、还车的运营模式，开启了"汽车共享"新概念：即时自助，随性出行；单程随处还车，网点遍布全球；按分钟计费，支付简单透明。根据 CNN 报道，将用户数积累到 100 万人，car2go 用了 5 年时间，而积累到 200 万人只用了 21 个月[15]。从 2011 年到 2016 年，car2go 的全球会员数从 6 万人增至 220 万人，车辆总规模从 2100 辆增至 14000 辆，每千人拥有车辆数从 35 辆降至 6 辆[16]。戴姆勒 2016 年的年报显示，car2go 旗下车辆的累计行驶里程超过 5.5 亿 km，相当于绕地球赤道13750圈，租赁次数超过7100万次，全球范围内每1.5s就有一辆车租出。在罗马和米兰，平均每天每辆车有超过10个订单，而在纽约布鲁克林，平均每天每辆车有7~8个订单。截至2018年1月，car2go的业务范围囊括了北美和西欧地区，以及中国的26个城市。car2go在全球拥有约300万名用户，其中在德国约有87万。

Drive Now是宝马推出的即时用车服务，采用分时租赁方式为用户提供便捷、环保的出行方式，主要服务车型为宝马i3。截至2018年1月，该服务已覆盖欧洲的13个城市，运营车辆达6500辆，用户数量约100万人。

为扩大欧洲出行业务，更好地应对Uber及Lyft等公司的竞争，戴姆勒和宝马在2019年1月将出行服务合并到YOUR NOW公司。截至2019年底，该公司用户超过9000万人。2020年1月，YOUR NOW的业务进一步整合，根据不同客户的需求，划分为三大业务方向，分别是FREE NOW & REACH NOW、SHARE NOW和PARK NOW & CHARGE NOW。其中，分时租赁业务归入SHARE NOW公司。SHARE NOW车队下辖2万多辆宝马、梅赛德斯-奔驰、Smart和MINI品牌车型，车辆遍布欧洲及北美的30个城市，拥有400多万名会员。该公司在欧洲的4个城市运营纯电动汽车车队，另外13个城市的车队部分采用电动汽车。SHARE NOW是目前最大的自由浮动式电动汽车共享供应商。截至2019年3月，其全球3200辆租赁用车的续驶里程接近1.2亿km[17]。SHARE NOW在2020年2月底之前关停了在北美、伦敦、布鲁塞尔和佛罗伦萨的业务。

2. 用户特征

德国乌尔姆市是最早开展汽车分时租赁服务的城市。2013年2月，由加州大学伯克利分校交通可持续研究中心（Transportation Sustainability Research Center，TSRC）和乌尔姆大学联合发起了针对乌尔姆市17000名car2go会员的在线问卷调查，共发放4577份问卷，经过一定程序的严格筛选，最终确定符合条件的有效问卷数量为743份。问卷统计了消费者的年龄、性别、受教育程度、职业和收入等详细信息。如图2-1所示统计结果显示，从会员构成的性别比例来看，68.3%的会员为男性，31.7%的会员为女性。从会员的年龄构成来看，年龄在30~39岁的会员占比最高，占全部会员数量的27.3%。其次是20~29岁的会员，占比为26%。40~49岁的会员占比为23.1%。以上三个年龄区间，即 20~49 岁会员占全部会员数量的 76.4%；17~19 岁及 50 岁以上的会员占比较低，合计为 23.6%。从受教育程度来看，大学及以上学历的会员占比为 51.2%。其次是高中学历的会员，占比为 27.5%。高中及以下学历的会员占比较低。从职业分布来看，全职工作人员占比为 66.2%。其次是在校大学生，占比为 18.4%。此外还包括兼职者、家庭主妇等。从月收入水平来看，除 20.4% 的会员对月收入保密外，月收入超过 2500 欧元的会员占比为 58.8%。其中，月收入在 2500~3499 欧元的会员占比为 20.8%，月收入在 3500~4499 欧元的会员占比为 17.3%。

图 2-1 car2go 的消费者特征

综上所述，car2go 的主要会员为具有大学及以上学历的全职工作人员，性别以男性为主，且月收入高于 2500 欧元。

2.3 国内电动汽车分时租赁发展现状

2.3.1 发展概况

国内电动汽车分时租赁服务兴起于新能源汽车推广初期，在新能源汽车补贴等利好政策及共享经济大潮的刺激下，北汽、上汽、力帆、吉利康迪、比亚迪、江淮、微租车、一度用车、E 享天开、苏打科技、Ucar、绿狗租车、空中租车、壹壹租车等企业先后进入电动汽车分时租赁市场，选择以北京、上海、广州、深圳和杭州等城市为起点，同时以 CBD 甚至高校为据点，推动电动汽车分时租赁业务快速成为汽车租赁市场的主要板块。然而，在新能源汽车推广初期，由于电动汽车购车成本高、车辆残值难以预估、充电基础设施不完善，且国内大部分城市共享经济氛围尚未形成，消费者对电动汽车接受度不高，地方政府支持力度不足，同时分时租赁运营商自身缺乏运营管理经验和成本风险评估，导致绝大多数分时租赁运营商前期资金压力过大，整体处于亏损状态，部分很快走向衰亡。

国内新注册汽车分时租赁企业数在 2017 年达到顶点，为 294 个，2018 年下降到 238 个。2010—2018 年国内汽车分时租赁企业注册情况如图 2-2 所示。

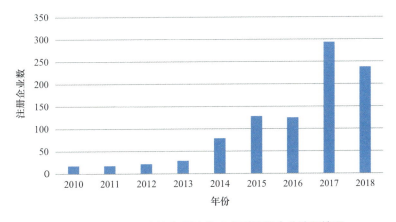

图 2-2　2010—2018 年国内汽车分时租赁企业注册情况

注：数据源于《中国城市客运发展报告（2018）》。

2013 年后，国内分时租赁运营车辆数呈快速上升趋势。2013 年，运营车辆数只有 1000 辆左右，到 2018 年已经增长到 20 万辆。2012—2018 年分时租赁车辆数如图 2-3 所示。

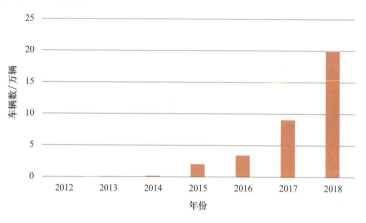

图 2-3　2012—2018 年分时租赁车辆数

注：数据源于《中国城市客运发展报告（2018）》。

2018 年以来，随着汽车分时租赁行业的加速洗牌，市场出现明显分化。一方面，部分拥有整车厂或国资背景的企业继续扩张，例如 EVCARD、首汽 GoFun、盼达用车和华夏出行等。另一方面，大量资金、技术实力和背景较弱的小企业，因经营不善开始加速退出市场，例如麻瓜出行、中冠共享汽车和位位用车等。有关研究机构的数据显示，目前开展汽车分时租赁业务的企业仅剩 50 余家[18]。

从市场格局看，EVCARD、首汽 GoFun、华夏出行、联动云租车和盼达用车成为汽车分时租赁行业的头部企业，投入车辆规模分别为 5 万辆、4 万辆、4 万辆、8 万辆和 2 万辆，布局城市分别达到 65 个、80 个、50 个、300 个和 10 个，相关具体数据见表 2-1。

表 2-1　典型运营商的运营规模

	EVCARD	首汽 GoFun	华夏出行	联动云租车	盼达用车
布局城市 / 个	65	80	50	300	10
车辆规模 / 辆	50000	40000	41000	80000	20000
网点个数 / 个	13000	—	1272	20000	—
注册会员 / 万人	780	1000	450	—	—
总部位置	上海	北京	北京	深圳	重庆

注：联动云租车数据包括长租、短租车辆和分时租赁车辆。此表根据各公司网站数据整理而得。

从区域分布看，汽车分时租赁业务呈从一线城市向二三线城市下沉的趋势。如图 2-4 和图 2-5 所示，一线、二线和三线城市分时租赁车辆保有量分别占 69.6%、19.2% 和 11.2%。一线城市因受限行限购约束，同时具有客户基础庞大、消费者认知度高、示范性强、政策效应好以及靠近资本方等优势，成为众多分时租赁运营商的布局重点。然而，车辆牌照稀缺、停车位紧张、劳动力成本高等因素也导致一线城市分时租赁运营压力更大。因此，已有部分分时租赁运营商将业务布局的重点逐渐转向二三线城市。

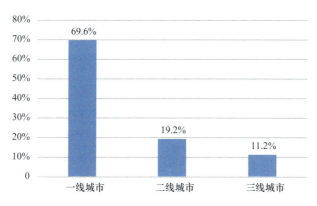

图 2-4 分时租赁车辆区域分布情况

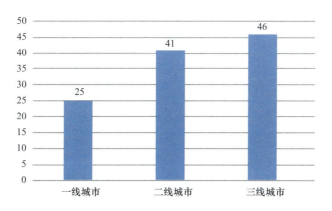

图 2-5 分时租赁布局城市数量

注：统计时间截至 2018 年 4 月，数据源于国家信息中心。

2.3.2 典型运营企业

1. EVCARD

EVCARD 为上汽集团环球车享旗下品牌，通过共享经济模式来开拓电动汽车分时租赁业务，推广绿色出行服务。该公司目前已在上海、浙江、江苏、四川、海南和重庆等 65 个省市投入 5 万多辆电动汽车，建设 1.3 万多个网点，每月订单超过 184 万个。

基于"以用户体验为中心"的发展理念，2019 年，EVCARD 提出精细化运营战略，布局智能城市新出行业务，涵盖项目包括网点布局、用车场景、拓展用户和智慧出行等。通过精细化运营优化服务，提升用户体验，全力推进业务升级，不断扩大市场口碑。EVCARD 结合市场大数据和用户体验反馈，进行了全方位升级。

首先，针对共享汽车行业备受关注的安全问题，EVCARD 上线了"人脸识别认证"功能，以保证驾驶人即注册人，建立规范的用车筛查流程，降低非本人用车风险，提高了共享汽车的安全系数及用户使用安全性。

其次，在运营车型方面，2019 年 5 月，EVCARD 在上海、广州、武汉等城市投入 5000 辆别克 VELITE 6 纯电动汽车，以满足客户商务出行需求，使共享出行趋向定制化、精细化，提升了用户体验。

最后，EVCARD 对租赁服务进行了优化调整。在原有"分钟计费、一点借 N 点还"分时租赁模式的基础上，按运营城市的客户需求，在部分城市新增"起步小时 + 超时分钟"的组合计费租赁模式，并配合不同时段的优惠用车套餐，适应了用户不同里程的出行需求。

在城市布局方面，EVCARD 注重长三角、珠三角等经济区连通，使长三角内大部分区域可实现"城际全天候通勤"。在网点布局方面，根据多年运营数据，与当地交通深度融合，进行科学的网点调整，在高使用频率地区新增网点，聚集部分网点的车辆和停车位，提高单车使用率。

截至目前，通过车型定制化升级、租赁服务优化等方式，EVCARD 的精细化运营发展策略已初具规模，逐渐渗透到用户日常的出行中。未来，EVCARD 将在"最后一公里"自动驾驶项目上发力，利用无人驾驶技术帮助用户实现远程唤车、自由泊车、自由充电等智能出行场景，助力"智行城市"，加快布局智慧城市新出行的步伐。

与此同时，EVCARD 也在不断尝试跨界合作，例如与旅行类应用程序（APP）合作，推出旅行地自驾模式等。

2. GoFun 出行

GoFun 出行是首汽集团旗下汽车分时共享平台，依托首汽集团的行业经验和优势资源，致力于整合用户的碎片化用车需求，为用户提供便捷、绿色、快速、经济的出行服务。GoFun 出行提供线上租车服务，车辆无人值守，用车全程 APP 操作，提供汽车的即取即用、分时租赁服务。GoFun 出行已相继完成全国 80 余个城市的布局，其中包括北京、武汉、成都等一、二线城市，以及西安、青岛、昆明、桂林、三亚等重要旅游城市。截至 2020 年初，GoFun 出行的用户数超过 2000 万人，订单数超过 5000 万个，平台运营车型超过 360 种，车辆总数超过 4 万辆，共载用户行驶超过 13.5 亿 km。

2019 年 7 月，GoFun 出行创新推出个人"汽车托管"业务，面向社会招募个人闲置和闲时车辆，着力打造技术驱动的、全球最大的车辆管理与出行服务平台。GoFun 出行的行业意义在于实现了从共享汽车到汽车共享。在 GoFun 出行开通个人车辆托管业务后，租赁车辆来自私家车主，平台作为用户与车主之间的桥梁，车辆可使用的时间和租金由车主决定，平台收取一定服务费。这种轻资产管理模式让 GoFun 出行有了低价优势。

GoFun 出行依托长期精细化的线上、线下运营经验，计划推出车管家服务，为个人或企业打理出行交易服务，为客户简化繁琐的出租手续，还计划通过平台涉足车险销售等汽车金融业务。

3. 华夏出行

华夏出行于 2017 年 4 月 8 日成立，是北京汽车集团有限公司的二级平台单位，以实现绿色共享出行为首要目标。华夏出行以汽车分时租赁为起点，将分时租赁品牌"摩范出行"、越野自驾服务品牌"华夏 318"及城市物流品牌"摩范速运"整合，提供跨城、跨场景的"互联网+交通+旅游"一站式服务解决方案。

在北汽集团转型升级的战略引导下，以"出行+增值服务"MSX2.0 发展战略为导向，华夏出行旗下"摩范出行"先后整合"北京出行""轻享科技"汽车分时租赁业务，聚合优势资源，打造汽车分时租赁明星品牌，致力于构建全新"出行+增值服务"生态圈。目前，华夏出行在全国48个城市布局了4.1万辆租赁用车，会员达450万人，投入车辆均来自北汽新能源。

华夏出行各业态之间相互支撑、相互协调。一方面，从车辆定制生产、投放共享运营到二手车业务处置，覆盖车辆全生命周期产业链；另一方面，业务覆盖用户的通勤交通、目的地旅游、定制化出行等场景需求。

第3章
电动汽车分时租赁国内外研究现状

3.1 国外研究现状

目前,国外有关电动汽车产业的研究基本覆盖了从研发、生产、销售到使用的整个产业链,初步形成了较全面的研究体系[19]。分时租赁作为一种推广电动汽车的新型商业模式,国外研究聚焦于其商业实现路径。此外,对分时租赁模式的用户动机及行为特征、环境影响等方面也有一定研究。

3.1.1 商业模式研究

国外对商业模式的研究主要从分析方法角度展开,以构建商业模式分析的理论框架。Morris 等学者指出,可以从三种模式定义商业模式,即经济类、运营类、战略类[20]。此外,还包括对三类定义的整合定义。

1)经济类定义认为,商业模式的本质是企业获取利润的内在逻辑。商业模式表明了企业目前的利润获取方式、未来的长期获利规划,以及能持续优于竞争对手和获得竞争优势的途径[21-23]。其中,收入来源、定价方法、成本结构和最优产量等是商业模式的主要构成元素[24-26]。

2)运营类定义认为,商业模式的重点在于说明企业通过何种内部流程和基本构造设计来创造价值。其中,产品/服务的交付方式、管理流程、资源流、知识管理和后勤流等是备受关注的构成要素[27,28]。

3)战略类定义认为,商业模式是对不同企业战略方向的总体考察,涉及市场主张、组织行为、增长机会、竞争优势和可持续性等方面。其中,利益相关者识别、价值创造、差异化、愿景、价值、网络和联盟等是常被提及的商业模式构成要素[29-31]。

4）整合定义认为，将商业模式描述为对企业商业系统如何良好运行的本质描述，是对企业经济模式、运营结构和战略方向的整合和提升。这一定义的构成要素整合了各类商业模式构成要素。典型代表如 Osterwalder A 等学者提出的商业模式画布，涵盖了九大要素，为商业模式设计提供了一个系统设计框架[31]。

关于电动汽车商业模式，Kley[32]等人基于 Timmers[33]因素划分模式，将商业模式分为三个组成部分，即价值主张、价值链结构和利润模型。他们指出，电动汽车产业涉及汽车、动力电池和基础服务三个领域，应该从这三个领域对商业模式加以分析。Katja 等[34]通过定义三方面内容构建了一个电动汽车产业的商业模型分析框架，包括商业模式类型、细分客户群体和关键要素。王娜等通过对典型城市的实地调研，总结了充电设施商业模式的关键因素，对不同场所的充电设施商业模式特点进行了总结[35]，并基于中德电动汽车充电项目，提出了充电设施的商业模型，对半公共区域的充电设施商业模式进行了实证研究[36]。

国外对分时租赁商业模式的研究起步较早。在选址规划方面，Correia Jorge 提出了关于分时租赁站点选址和停车位规模的线性规划模型。该模型以运营商的利润为目标函数，成本包括车辆折旧、车辆维修、调配及站点维护，收入即项目运营收入[37]。Correia Jorge 拓展了混合整数规划优化模型，考虑了用户选择起始和终止站点的灵活性，以及对汽车和停车位可获得性的实时信息的利用对消费者满意度的影响，并将该模型应用在葡萄牙里斯本的分时租赁项目中[37]。Cepolina 对电动汽车单项租赁系统的车辆规模，以及各站点之间的车辆分派问题进行了研究，该模型以系统成本和由最大等待时间引起的用户成本的最小化为目标，并引入"监管者"概念，以引导那些归还选择较灵活的用户将车辆归还到其他可选择站点，藉此在实现运营平衡的同时，缩短用户的等待时间[38]。Fassi 提出了一种评估汽车租赁系统效率的方法，即用一种决策支持工具来评估哪一种决策在满足用户需求方面更有效率，旨在使用最少的车辆最大限度地满足用户需求[39]。

在定价方面，国外研究集中于定价策略和价格对需求的影响。Ariel

Waserhole 和 Vincent Jost 以具有有限缓冲和时间相关服务的闭合排队网络的马尔可夫公式作为基本模型，通过定价激励来研究分时租赁汽车的改进可能性。Jorge 等[40]通过构建混合整数非线性规划模型，以实现利润最大化为目标，确定定价策略，并将其定义为单程式车辆系统旅程定价问题。Balac M 等[41]基于 Agent-based 模型，研究分时租赁汽车自由流动模式下，价格对共享汽车需求的影响，提出提高停车价格有利于汽车提升使用率的观点。Min Xu[42]等基于价格对用车需求的影响，构建混合整数非线性非凸规划模型，以利润最大化为目标，为共享电动汽车定价策略提供建议，同时为解决站点布局与调度问题指出了方向。TaekwanYoon 等[43]探讨了分时租赁汽车需求与车队规模及经济表现之间的关系。

3.1.2 用户动机及行为特征研究

针对分时租赁用户的研究主要是动机和影响因素分析。Muheim P[44]研究了德、美两国分时租赁用户加入分时租赁的动机，发现在使用成本低于私家车的情况下，提供灵活便捷的分时租赁服务更能为人们所接受，由此详细分析了分时租赁目标客户群的可实现性。Tobia Schaefer[45]基于定性手段目的链分析，发现寻求价值、便利性、生活方式和环境四个方面是影响人们使用分时租赁汽车的主要因素，归纳总结了分时租赁对目标客户群的主要影响因素，便于共享汽车运营商有针对性地吸引、拓展客户群。

其次是出行行为和人口特征分析。Tuan S F[46]研究了新加坡的分时租赁汽车服务市场，以分时租赁汽车市场准入条件为主要研究内容，将有汽车共享使用经验的人和无汽车共享使用经验的人设为对照组，分析他们的出行行为特征，为共享汽车运营商提供市场策略参考。

Henrik Becker[47]用瑞士巴塞尔市运营的分时租赁数据，对比了选择自由流动模式与固定站点模式的分时租赁用户群体间的社会人口特征差异，为共享汽车运营商的站点模式选择提供了理论依据。

3.1.3 环境影响研究

关于分时租赁汽车对环境的影响，国外专家学者开展了大量研究，发现共享汽车在降低交通成本、缓解交通拥堵和环境污染方面有显著成效。Zhao

Yi[48] 以及 Martin 和 Shaheen[49] 等通过对不同国家的汽车共享服务的分析，发现汽车共享交通模式不仅能提升人们的机动化出行效率，还能降低交通成本，减少碳排放，从而保护环境。Shaheen 和 Martin 的研究表明，交通拥堵、环境污染及资源短缺等问题推动了汽车共享服务的发展进程。关于共享汽车的城市交通运行影响，Shaheen 和 Cohen 等[50]进行了研究，指出 1 辆共享汽车的出行作用相当于 20 辆私家车，能极大缓解城市交通拥堵状况。与此同时，由于买车等费用均摊到多个个体，用户的整体交通费用大幅降低，解决了部分人群因经济问题受到的交通困扰。

3.2 国内研究现状

3.2.1 商业模式研究

国内对电动汽车分时租赁商业模式的研究主要从以下方面展开。

一是盈利模式研究。丁晓华[51]选取了法国 Autolib 和上海 EVCARD，借助大数据分析，对两者的运营模式和消费者特征开展研究与比较，并重点对它们的电动汽车共享出行成本进行了深入分析。任美林等[52]比较了国内外商业模式运作的异同点，分析了电动汽车分时租赁的经济性和规模化运营的商业模式。纪雪洪[53]等通过对比 Autolib、杭州"微公交"和北京易卡三个项目，指出影响电动汽车共享盈利能力的因素包括运营商的协调能力、企业规模、网络基础设施建设以及产品服务等。王茜[54]对比了电动汽车分时租赁与传统燃油汽车租赁的优劣势，并通过市场分析，总结得出电动汽车分时租赁的优势及对盈利模式探索的重要性。

二是对盈利模式的关键因素优化模型进行分析。国内研究目前聚焦于分时租赁定价策略、网络优化布局、投放车辆规模模型、用户预约分配优化模型等方面。在定价策略方面，孔德洋[55]提出一种以电动汽车分时租赁系统日收益最大化为前提的动态定价策略，通过价格杠杆调节用户需求。

在网络优化布局方面，赵永全[56]分析了分时租赁运作模式，探讨了分时租赁网络布局的影响因素，提出了共享电动汽车分时租赁网点的选址原则，包括用户便利性原则、可达性原则、经济性原则、符合区域发展原则和安全性原则等。

在投放车辆规模模型方面，谢昳辰[57]等结合电动汽车分时租赁企业的实际需求，提出基于调度的战略计划模型，通过整合电动汽车分时租赁站点需要满足的调度时间约束建立模型。

在用户预约分配优化模型方面，孙欢欢[58]考虑用户预约的租车时长、取车网点、还车网点等因素，以运营商利润最大化为目标函数构建了三个用户预约分配模型。

3.2.2 用户行为特征研究

在分时租赁汽车目标用户研究方面，国内专家学者聚焦于消费者的使用意愿和行为分析。张淼等[59]通过问卷形式调研了上海市民基于出行场景选择共享汽车的意愿，研究发现，接近1/2的调查者愿意参与共享汽车计划，影响参与性的主要因素是价格。周彪等[60]基于消费者选择模型，调查分析了在上海市购车与使用共享汽车服务之间的效用差异，明确选择购车或使用共享汽车服务影响因素的权重，最终确定主要影响因素为价格和易用性。Ying Hui 和 Mengtao Ding 等[61]通过聚类分析方法研究杭州市共享汽车服务"车纷享"的实际运营数据，探究了共享汽车在运输系统的地位和作用，发现分时租赁汽车经常被当作私家车使用，以满足连续的日常出行需求，甚至通勤需求。

丁晓华[51]对EVCARD的用户特点、出行时间和单次出行里程等进行了分析，指出实际租车用户中，男性比例为68%，女性比例为32%，年龄集中在25~35岁。用车时间分布方面，EVCARD用户日用车时间主要分布在3个时间段，分别是9：00—10：00、13：00—14：00和15：00—16：00，表明上班后、下班前的工作时间用户用车活动相对频繁。EVCARD全年租用平均单次行驶里程为9.13km，平均单次驾驶时长为48.1分钟。

武汉理工大学针对高校市场的年轻群体开展了调研，结果显示，近24%的在校学生有意使用汽车分时租赁服务，而持观望支持态度的群体占比高达40%[62]。

余荣杰等基于上海某汽车分时租赁企业的运营数据，开展了基于低频轨迹数据的驾驶行为特征提取及驾驶风格分析[63]。

随着共享汽车模式的大范围推广，相关环境、交通出行优势逐渐显现。近年来，我国出台了一系列共享汽车利好政策，一部分国内学者也针对共享汽车政策展开了研究。石羞月等[64]比较了国内外分时租赁模式下的电动汽车财政税收政策，建议政府针对共享汽车产业链各方，在技术研发、基础设施建设、消费补贴、宣传推广等方面给予财政支持及税收优惠，助力推广共享汽车发展，缓解环境污染和交通出行拥堵状况。

第4章
电动汽车分时租赁商业模式

4.1 电动汽车商业模式概述

截至 2020 年 9 月，我国电动汽车保有量超过 400 万辆。2019 年，国内私人电动汽车销售数量占到电动汽车总销售数量的一半左右。从未来发展趋势看，电动汽车推广正在由以公共领域为主，向以私人领域为主转变，电动汽车市场也正在从政策驱动型向政策和市场双驱动型转变。电动汽车推广商业模式主要有整车销售、整车租赁、车电分离和融资租赁等。

4.1.1 整车销售模式

整车销售是国内目前最常见的销售方式，如图 4-1 所示。随着电动汽车价格的降低，以及消费者对电动汽车的接受度不断提升，整车销售依然是未来一段时间内电动汽车的主要商业模式。

从销售方式看，大部分车企让电动汽车与传统燃油汽车共享销售渠道，通过传统经销商销售网络销售车辆，也有些企业建立了独立的新销售体系和品牌 4S 店，例如北汽新能源。而一些造车新势力，例如蔚来、特斯拉等，则采用直销模式销售车辆。一些经销商通过建立电动汽车超市、电动汽车大卖场等方式，集中上市大量电动汽车品牌产品，采取信息咨询、车辆选购、保险销售、代理上牌一站式模式销售车辆。国网电动汽车公司通过改造营业厅，采用线上线下结合的新零售模式，开展了电动汽车销售试点。

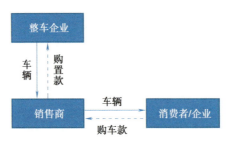

图 4-1 整车销售模式

4.1.2 整车租赁模式

整车租赁模式分为两种，一种是长期租赁，另一种是短期或超短期租赁（时租或日租），如图 4-2 所示。长期租赁即传统整车租赁模式，由租赁运营商购买电动汽车，面向用户提供长期（至少半年）的租赁服务。运营商承担车辆的维修保养和保险费用，用户只需承担按月计算的租赁费用和充电费用。该模式下，用户的前期成本支出较低，不用担心维修保养等问题，但运营商或汽车厂商需承受一定资金压力和风险。

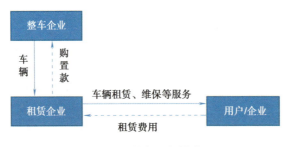

图 4-2 整车租赁模式

为满足消费者的多样化出行需求，出现了日租或时租的租赁模式。分时租赁是以分钟或小时为单位结算的自助式用车服务，是一种典型的时租模式。从 2011 年借鉴 Zipcar 模式的杭州"车纷享"模式，到 2013 年借鉴自行车共享思维的杭州"微公交"模式，再到 2014 年的校企联合上海 EVCARD 分时租赁项目，及至 2015 年宝马之诺主导的之诺租赁项目，分时租赁和汽车共享模式在电动汽车产业中的应用形式和主体正逐渐趋向多样化，丰富了消费市场。分时租赁存在多个使用场景，包括周末郊游、生活出行、商务出行、工作通勤以及限行日使用等。分时租赁运营商除要承担与传统长租运营商一样的较高车辆成本外，还要承担租赁点和充电停车位的费用，而租赁点的覆盖范围和密度是影响用户使用车辆的重要因素。

4.1.3　车电分离模式

如图 4-3 所示，车电分离模式即车辆由车厂提供，动力电池由换电运营商提供，用户仅需支付不含动力电池费用的车辆购置费用，相较购买含动力电池整车可节省 30%~40% 的车辆购置成本。由动力电池专业运营公司负责动力电池的充放电和配售工作，可充分利用峰谷电价价差降低充电成本，同时有利于动力电池的回收和梯次利用。由于存在动力电池规格和标准待统一等问题，车电分离模式目前只适合在单一品牌同一规格的车辆上使用。

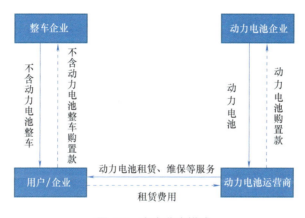

图 4-3　车电分离模式

4.1.4　融资租赁模式

融资租赁是汽车金融服务的一种，指融资租赁公司根据承租人对汽车的要求和对汽车厂家的选择，购买车辆，租给承租人使用，承租人分期支付租金。租期届满时，租金支付完毕，车辆归承租人所有，如图 4-4 所示。

在公共交通领域，早在 2010 年，"十城千辆"示范工程启动之初，深圳市就开始在公交车、出租车领域推广电动汽车，与中国普天、比亚迪等企业合作，形成了"融资租赁，车电分离，充维结合"模式，成为电动公交车推广的典范。在私人乘用车领域，特斯拉为推广旗下车辆，也采取了融资租赁的销售模式。用户先一次性支付一定额度的保证金，再每月支付一定额度的租金，就可在几年时间里拥有一辆特斯拉电动汽车的使用权。

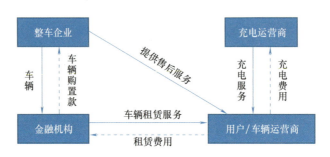

图 4-4　融资租赁模式

4.2　分时租赁商业模式及分类

1. 分时租赁模式参与方及分工

分时租赁商业模式是整车租赁商业模式的一种，市场参与方包括分时租赁运营商、国家和地方政府、整车制造企业、车辆出租企业、充电桩设备供应商、充电设施运营商、车位提供方、金融机构和分时租赁用户。

分时租赁运营商负责分时租赁系统的建设和项目运营。国家和地方政府根据相关政策给予购车补贴、充电桩建设补贴和运营补贴，同时向分时租赁运营商提供公共停车位。整车制造企业向分时租赁运营商出售车辆。车辆出租企业向分时租赁运营商出租车辆。充电桩设备供应商向分时租赁运营商出售充电桩。充电设施运营商建设充电桩，并向分时租赁运营商提供充电服务。车位提供方向分时租赁运营商出租或出售停车位。金融机构向分时租赁运营商提供资金并收取利息。分时租赁用户使用分时租赁车辆并向分时租赁运营商缴纳服务费。各参与方分工如图 4-5 所示。

分时租赁运营商负责整个分时租赁项目的运营，并与各参与方有直接关系，起到整合资源、联系各参与方和分时租赁运营的核心作用，是分时租赁商业模式中的核心利益方。

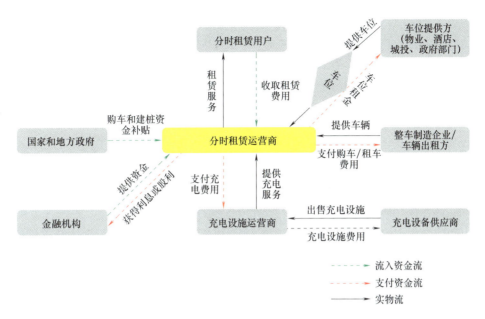

图 4-5 分时租赁商业模式

在市场经济环境下,各参与方基于可盈利的前提与分时租赁运营商开展合作,运营商能盈利,则整个分时租赁项目可盈利,因此分时租赁商业模式的关键角色是分时租赁运营商,其经济性关系到整个项目的经济性。

2. 分时租赁模式分类

从用户分类角度,分时租赁的商业模式可分为三种形式,分别为面向公务出行的 B2G 形式、面向企业商务出行的 B2B 形式和面向个人出行的 B2C 形式。

从使用场景角度,分时租赁的商业模式可分为居民区、商超、办公区、火车站或机场等交通枢纽、景点和大学校园等种类。

运营商实现运营的核心资源是提供分时租赁服务的电动汽车和充电桩,电动汽车在有足够电量的情况下才能为用户提供出行服务。从运营商核心资源获取方式角度,分时租赁商业模式可分为运营商购车自建桩形式、运营商购车委托建桩形式、运营商租车自建桩形式和运营商租车委托建桩形式,见表 4-1。

按关键资源获取方式分类的形式在成本方面差距较大,对不同形式进行经济性评估具有重要意义。

表 4-1　按关键资源获取方式分类

形　式	购车自建桩	购车委托建桩	租车自建桩	租车委托建桩
车辆	购置	购置	租赁	租赁
车辆维保	运营商负责	运营商负责	车辆出租方负责	车辆出租方负责
充电桩	运营商购置并安装	充电服务商购置并安装	运营商购置并安装	充电服务商购置并安装
充电价格	基本电价	基本电价+充电服务费	基本电价	基本电价+充电服务费

从车辆购置和使用角度看，分时租赁运营商在购车形式下，车辆购置成本和维保成本均需自负，前期投入相对较大。在租车形式下，只需按月支付租金，维保成本由车辆出租方负担，前期投入相对较小。从充电设施购置和使用角度看，分时租赁运营商在自建充电桩形式下，需自行购置充电桩并安装，支付用电费用，前期投入相对较大。在委托建设充电桩形式下，由充电服务商购置并安装充电桩，分时租赁运营商只需向充电服务商支付充电服务费和用电费用，前期投入相对较小。

综上，购车自建桩形式前期成本投入最大，租车委托建桩形式前期成本投入最小，购车委托建桩和租车自建桩形式前期成本投入介于前两种形式之间。

第 5 章
电动汽车分时租赁商业模式经济性评估

5.1 评估关键因素及说明

5.1.1 车辆

分时租赁运营商主要通过购买和租赁两种方式获得运营车辆。分时租赁选用车辆 95% 为纯电动汽车，车型以微型车和小型车为主。国内主要分时租赁车型续驶里程和价格对比见表 5-1。

表 5-1 主要分时租赁车型续驶里程和价格对比

车型名称	车型级别	座位数	续驶里程 /km	补贴后售价 /万元	程价比 /（km/万元）
宝骏 E100	微型	2	155	3.99	38.85
知豆 D1	微型	2	180	4.92	36.59
华泰 EV160	微型	4	155	4.48	34.60
奇瑞 eQ	微型	4	200	5.98	33.44
知豆 D2	微型	2	155	4.68	33.12
荣威 Ei5	紧凑型	5	420	12.88	32.6
北汽 EC180	微型	4	156	4.98	31.33
众泰云 100	微型	4	155	4.98	31.12
奇瑞 eQ1	微型	2	151	4.98	30.32
长安奔奔 EV	微型	4	180	5.98	30.10

(续)

车型名称	车型级别	座位数	续驶里程/km	补贴后售价/万元	程价比/(km/万元)
江淮 iEV6E	微型	4	170	5.95	28.57
众泰 E200	微型	2	155	5.98	25.92
全球鹰 K12	微型	2	152	7.4	20.54
众泰芝麻	微型	2	150	7.79	19.26
别克 VELITE6	紧凑型	5	301	16.58	18.15
北汽 EV160	小型	4	150	9.52	15.76
长安逸动	紧凑型	4	200	10.99	18.19
比亚迪 E6	紧凑型	5	400	30.83	12.97
荣威 ERX5	紧凑型	5	320	20.99	15.25

注：程价比=综合工况续驶里程/补贴后车辆价格，是消费者选择电动汽车的重要参考依据。

从表 5-1 中可以看出，微型车的补贴后售价多在 5 万元左右，小型车在 10 万元左右，紧凑型车在 10 万~30 万元之间。程价比方面，微型车高于小型车和紧凑型车。当前，从成本和程价比方面看，分时租赁运营商选择微型车作为运营车辆更合理。

租赁同等价位的微型车，长期租金一般为 1.5 万~2 万元/年。

5.1.2 充电网络

充电网络建设方面，目前主要有分时租赁运营商自建充电桩和委托充电设施运营商建设充电桩两种形式。

在分时租赁运营商自建充电桩形式下，分时租赁运营商需承担充电桩设备和建设成本，车辆使用充电桩仅需缴纳电费，无需缴纳充电服务费，因此初始建设成本较大，但使用成本较低。在委托充电设施运营商建设充电桩形式下，充电桩由充电设施运营商建设和运营，分时租赁运营商需向充电设施运营商缴纳电费和充电服务费，无初始建设成本，但使用成本较高。

充电桩分为直流快充桩和交流慢充桩两种，两者在相同时间内服务的车辆数有较大差距。以动力电池容量为 18kW·h，续驶里程为 150km 的微型车为例，使用快充桩充满电约需 2h，而使用慢充桩则需 8h。目前，车辆充电集中在夜间，按夜间充电工作时间 8h 计，则慢充桩夜间仅能完成 1 辆车的充电工作，而快充桩可完成 4 辆车的充电工作。然而，快充桩的购置和建设成本明显高于慢充桩，因此在进行充电设施建设时需综合考虑各种因素搭配选择快、慢充桩。

将充电桩购置和建设成本以等年值法折算，可得充电桩分摊到每年的成本。

充电桩的等年值按以下公式计算：

$$C_1 = (C_{ch}+C_{se}-C_{su1}) \times \frac{r(1+r)^{m_1}}{(1+r)^{m_1}-1} \qquad (5-1)$$

式中，C_1 为充电桩建设成本的等年值；C_{ch} 为充电桩购置成本；C_{se} 为充电桩安装费；C_{su1} 为充电桩建设政府补贴；m_1 为充电桩使用寿命，假设为 10 年；r 为贴现率，取 6%。

电动汽车公共场所充电费用一般按大工业用电价格收取，在 0.5 元/（kW·h）左右。

1. 分时租赁运营商自建充电桩

1）自建充电桩为慢充桩。经调研，7kW 慢充桩的购置和建设成本约为 0.6 万元，采用等年值法折算的等年值为 0.057 万元。

充电成本 = 电动汽车动力电池容量 / 充电效率 × 电费单价 × 单桩服务车辆数 × 365 天

取分时租赁电动汽车动力电池容量为 18kW·h，充电效率为 95%，电费单价为 0.5 元/（kW·h），每桩每天服务 1 辆电动汽车，则单个慢充桩每年充电成本约为 0.35 万元。

将初期设备购置和建设成本与充电成本相加，可得分时租赁运营商自建慢充桩的年充电成本约为 0.407 万元。

为与快充桩成本进行对比分析，需考虑充电桩的服务车辆能力，按慢充需 8h 计算，4 辆分时租赁车辆需配套建设 4 个慢充桩，则 4 辆车的年充电成本约为 1.628 万元。

2）自建充电桩为快充桩。经调研，30kW 快充桩的购置和建设成本为 3.5 万元，采用等年值法折算的等年值为 0.33 万元。

取分时租赁电动汽车动力电池容量为 18kW·h，充电效率为 95%，电费单价为 0.5 元/（kW·h），每桩每天服务 4 辆电动汽车，则单个快充桩每年充电成本约为 1.38 万元。

将初期购置和建设成本与充电成本相加，可得年充电成本约为 1.71 万元。

综上，分时租赁运营商自建慢充桩比自建快充桩成本低。

2. 充电设施运营商建设充电桩

1）充电设施运营商建设充电桩为慢充桩。与前文一致，慢充桩的购置和建设成本为 0.6 万元，采用等年值法折算的等年值为 0.057 万元。

充电成本 = 电动汽车动力电池容量 / 充电效率 ×（基础电价 + 充电服务费）× 单桩服务车辆数 × 365 天

某市充电服务费为 0.95 元/（kW·h），其他条件与分时租赁运营商自建慢充桩相同，每车每天充电 1 次，则每车每年充电成本约为 1 万元。

分时租赁运营商无需支付充电桩购置和建设成本，因此可得运营 4 辆车的年充电成本约为 4 万元。

对充电设施运营商而言，慢充桩建设年平均成本为 0.057 万元，年充电服务费收益约为 0.66 万元，不考虑其他成本，则年利润约为 0.6 万元。

目前，国内各地充电服务费差距较大，江西省充电服务费标准最高，达到 2.36 元/（kW·h）（含电费），山西太原的充电服务费最低，为 0.45 元/（kW·h）。由此可知国内充电设施运营商的年利润为 0.31 万~1.63 万元。

2）充电设施运营商建设充电桩为快充桩。与前文一致，快充桩的购置和建设成本为 3.5 万元，采用等年值法折算的等年值为 0.33 万元。

某市充电服务费为 0.95 元/（kW·h），每车每天充电 1 次，则每车每年充电成本约为 1 万元。

由此可得分时租赁运营商运营 4 辆车的年充电成本约为 4 万元。

对充电设施运营商而言，快充桩建设年平均成本为 0.33 万元，快充桩每天可为 4 辆车充电，年充电服务费收益约为 2.64 万元，不考虑其他成本，则年利润约为 2.31 万元。

充电服务费以 0.45~2.36 元/（kW·h）计算，则充电设施运营商的年利润为 1.24 万~6.52 万元。

3. 对比分析

对上述分析进行比较，结果见表 5-2。

表 5-2　分时租赁运营商各充电形式成本收益对比　　（单位：万元）

形　　式		充电桩购置及建设成本（等年值）	充电成本	充电综合成本
分时租赁运营商自建充电桩	慢充桩	0.228	1.4	1.628
	快充桩	0.33	1.38	1.71
充电设施运营商建设充电桩	慢充桩	—	4	4
	快充桩	—	4	4

注：为方便对比，慢充桩为 4 个，快充桩为 1 个。

从表 5-2 可见，分时租赁运营商自建充电桩的充电综合成本低于由充电设施运营商建设充电桩。同时，分时租赁运营商自建慢充桩成本低于自建快充桩，但两者差距不大。

从表 5-3 可见，在不考虑车位成本的前提下，充电设施运营商建设慢充桩的利润高于建设快充桩，但两者差距不大。

表 5-3　充电设施运营商建设充电桩成本收益对比　　（单位：万元）

形　　式		充电桩购置及建设成本（等年值）	充电服务费收益	利　　润
充电设施运营商建设充电桩	慢充桩	0.228	2.64	2.41
	快充桩	0.33	2.64	2.31

注：为方便对比，慢充桩为 4 个，快充桩为 1 个。

5.1.3　站点 / 网点建设

分时租赁站点 / 网点建设要解决的关键问题是如何以最低成本获得车位。由于车辆保有量持续提高，城市停车位资源越发紧张，同时车位租金也逐年上涨，车位问题会对分时租赁运营商的网点布局产生较大影响。

分时租赁运营商可与政府沟通，争取免费或以优惠价格使用市政公共停车位，或与交通枢纽、商场、住宅区等地的停车场产权方或运营方合作，取得分时租赁专用停车位。这种模式下，需考虑向停车场产权方或运营方缴纳车位租赁费问题。

经调研，二线城市郊区车位租赁费为 2400~3600 元 / 月，市区为 4800~6000 元 / 月，一线城市车位租赁费更高。分时租赁运营商在项目运营前期可主要选择郊区和市政公共停车位，以降低车位租赁费用。到后期模式成熟，用户数量达到一定规模，可逐渐开发商业区、住宅区网点，因为租赁收入的增量可抵消车位租赁费的增量。

5.1.4 维保体系

分时租赁的维保体系包括车辆保险、日常维护和严重车损处理。

车辆保险方面，纯电动运营车辆按相关规定需缴纳交强险、第三者责任险和车损险。车险支出与车辆价格、之前年度出险情况等因素密切相关，国内各城市的车辆保险费用没有显著差异。据调研，某分时租赁运营商微型车每年保险成本为 4500 元 / 车。

日常维护方面，由分时租赁运营公司的员工负责车辆日常维护及调度工作。目前，国内分时租赁的运维人员数量与车辆数量比例约为 1∶10，日常维护成本主要体现为运维人员的人力成本。由于不同城市的经济发展水平和人力资源成本不同，各地运维人员的人力成本存在较大差异。

严重车损处理方面，车辆销售商提供 2 年保修服务，在车辆发生严重故障时，分时租赁运营商将其交给销售商处理。超出 2 年保修期后，运营商在车损处理方面的成本会明显增加。

5.1.5 租赁服务

分时租赁运营商通过分时租赁运营系统开展运营管理并为用户提供服务。分时租赁运营系统包括后台管理系统、APP 智能化调度运营端、APP 客户端和车载智能终端。

分时租赁运营管理人员通过后台管理系统对整个分时租赁项目进行管理。调度人员通过 APP 智能化调度运营端开展车辆调度工作，利用强大的后台数据分析功能，完成调度工作，提高人车比，增加车辆使用率，降低运营成本并减少人力投入。分时租赁用户通过 APP 客户端完成订车、寻车、开车门、用车、结算、还车这一完整租车流程。车载智能终端为分时租赁各项功能提供硬件支持，拥有电子围栏、远程控制、盗抢报警、行车区域限定等功能，并支持蓝牙、APP、刷卡、密码和 PC 等多种控制模式。

分时租赁运营系统通常由分时租赁运营商委托系统设计公司设计搭建，成本约为 50 万元，后期维护升级需另付费。

5.1.6 分时租赁金融模式

分时租赁主要采用银行贷款、债券融资和股权融资方式获得金融机构资金支持。无论银行贷款方式还是债券融资方式，分时租赁运营商都要到期偿还本金和利息。

5.1.7 分时租赁价格体系

分时租赁的收入主要源于车辆租赁收入，而租赁价格体系的设计直接影响车辆租赁收入。国内运营商主要采用时间计费和时间+里程计费两种计费方式。

国内主要分时租赁平台定价对比见表 5-4。

表 5-4 各分时租赁平台定价对比

序号	企业名称	定价机制	租赁价格
1	盼达用车	时间	19 元 /h
2	EVCARD	时间	前 30min 15 元，超过 30min 后 0.5 元 /min，每 24h 最高 180 元
3	联程共享	时间	40 元 /h
4	金钱潮	时间	首小时 20 元，之后 6 元 /h
5	易卡租车	时间	59 元 /2h，99 元 /4h，日租 159 元
6	有车	时间	经济车型 15 元 /h 起
7	宜维租车	时间	9 元 /h 起
8	GoFun	时间 + 里程	0.1 元 /min+1~1.5 元 /km
9	一度用车	时间 + 里程	2 元 /km+0.2 元 /min
10	摩卡	时间 + 里程	0.13 元 /min+0.78 元 /km
11	WarmCar	时间 + 里程	9 元 /h+0.8 元 /km
12	壹壹租车	时间 + 里程	日间：10~16 元 /h+0.8 元 /km 夜间：5~8 元 /h+0.8 元 /km
13	Ponycar	时间 + 里程	0.15 元 /min+0.99 元 /km

(续)

序 号	企业名称	定价机制	租赁价格
14	绿狗租车	时间+里程	16元/h起，0.66元/km，按小时租赁
15	车纷享	时间+里程	16元/h起，0.25元/km，按分钟租赁
16	左中右	时间+里程	20元/h起，10元起步30min内10元，超过30min按分钟计费，且每小时行驶超过25km收取里程费0.8元/km
17	行之有道	时间+里程	12元/h，1元/km
18	苏打出行	时间+里程	0.19元/min+1.99元/km，日租269元
19	电车管家	时间	昼间时段（9：00至18：00）50元，夜间时段（18：00至次日9：00）70元，全天120元
20	E动租车	时间	6：00至22：00，10min以内15元，以后每5min 5元；22：00至次日6：00，10min内20元，以后每5min 6元

从表5-4中可见，以时间计费的分时租赁平台有7家，以时间+里程计费的分时租赁平台有13家。

针对同款车不同平台、不同定价机制下的收入情况进行对比，如图5-1所示。以北汽EV160为目标车型，按交通高峰时段以15.5km/h行驶120min计算各定价模式的租赁收入情况。

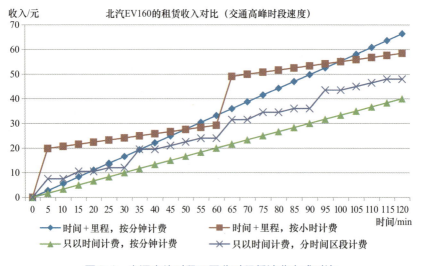

图5-1 交通高峰时段不同分时租赁计费方式对比

从图 5-1 中可见，在交通高峰时段，按时间＋里程计费的租赁收入高于按时间计费的租赁收入。

同样以北汽 EV160 为目标车型，按交通平峰时段以 40km/h 行驶 120min 计算各定价模式的租赁收入情况，如图 5-2 所示。

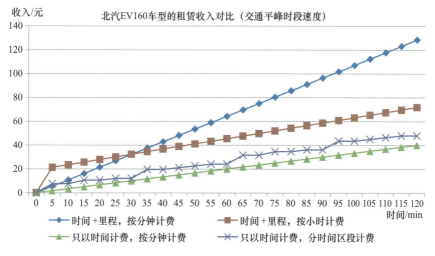

图 5-2 交通平峰时段不同分时租赁计费方式对比

从图 5-2 中可见，在交通平峰时段，以时间＋里程计费的租赁收入仍高于按时间计费的租赁收入。

综上，时间＋里程定价模式的租赁收入整体高于时间定价模式。但在分时租赁运营初期，为吸引用户使用分时租赁车辆，多家分时租赁平台都采取了时间定价模式。

5.2 评估模型构建

5.2.1 利润模型

利润模型顶层公式为：

$$B = \sum I_y - \sum C_y \qquad (5-2)$$

式中，B 是电动汽车分时租赁的累积利润；C_y 是电动汽车分时租赁第 y 年的成本；I_y 是电动汽车分时租赁第 y 年的收益。

电动汽车分时租赁经济性评估模型，如图 5-3 所示。

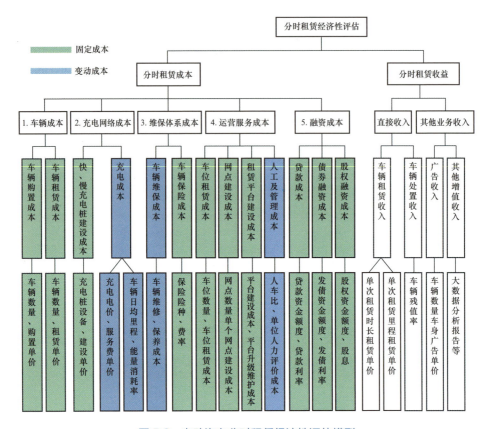

图 5-3 电动汽车分时租赁经济性评估模型

5.2.2 收益模型

建立收益公式需考虑因素：同一运营商有多种车型情况；多种收费模式，包括按时间计费、按时间+里程计费和有起步价的计费；车辆故障对收益的影响；不同运营年限下车辆残值的区别。

$$I_y = \sum N_i b \{a + f[t > t_0, p_{it}(t-t_0) + p_{il}l]\}(365 - d_e) + \sum N_i p_g + p_d \eta + p_w N_w + \sum N_i r_{ci}$$
(5-3)

式中，N_i 是第 i 个车型的数量；b 是单车日均订单量；a 是租赁起步价；t_0 是起步价时长；p_{it} 是租赁时长单价；t 是单次租赁时长；p_{il} 是租赁里程单价；l 是单次租赁里程；d_e 是车辆故障天数；p_g 是车身广告单价；p_d 是数据增值业务收入；η 是车队规模对数据收入的影响系数；p_w 是网点广告收入；N_w 是网点数量；r_{ci} 是车辆残值。

5.2.3 成本模型

分时租赁成本体系可分为车辆成本、充电网络成本、车辆维保体系成本、运营服务成本和融资成本五项。车辆成本涵盖了车辆购置成本和车辆租赁成本；充电网络成本涵盖了运营商自建充电桩费用和充电费用，或委托建桩的充电费用；维保体系成本涵盖了车辆保险、车辆修理和车辆保养费用；运营服务成本涵盖了人力、租赁平台建设和维护、站点建设、一般网点建设和车位租赁等成本。

$$C_y = C_1 + C_2 + C_3 + C_4 + C_5 \tag{5-4}$$

式中，C_y 是分时租赁总成本；C_1 是车辆成本；C_2 是充电网络成本；C_3 是维保体系成本；C_4 是运营服务成本；C_5 是融资成本。

1. 车辆成本

建立车辆成本模型需考虑车辆购置和车辆租赁两种情形、车辆购置和车辆租赁同时存在时的比例关系、不同车型的购置或租赁价格，以及补贴对成本的影响。

$$C_1 = \alpha \sum [N_{1i}(p_{ci} - s_{cic} - s_{cil})] + (1-\alpha) \sum N_{2i} p_{ri} \tag{5-5}$$

式中，α 是购置车辆数量比例；N_{1i} 是车辆购置数量；p_{ci} 是车辆购置单价；s_{cic} 是车辆国家购置补贴；s_{cil} 是车辆地方购置补贴；N_{2i} 是车辆租赁数量；p_{ri} 是车型租赁单价。

2. 充电网络成本

建立充电网络成本模型需考虑运营商自建充电桩和委托建桩两种情形、自建桩和委托建桩数量的比例关系、自建快充桩与慢充桩的比例关系，以及自建桩与委托建桩的充电成本差异。

$$C_2 = \beta \{ \sum [N_i l FC_i p_e (365-d_e)] + \sum N_i k k_a [(p_{pa} - s_{pa} + c_{pa}) + m_{pa}] + \sum N_i k (1-k_a) \\ [(p_{pb} - s_{pb} + c_{pb}) + m_{pb}] \} + (1-\beta) \sum [N_i l FC_i (p_e + p_s)(365 - d_e)] \tag{5-6}$$

式中，C_2 是充电网络成本；β 是自建桩数量比例；l 是单车日均行驶里程；FC_i 是单车能源消耗率；p_e 是基本电价；p_s 是充电服务单价；k 是车桩比；k_a 是快充桩比例；p_{pa} 是快充桩购置单价；p_{pb} 是慢充桩购置单价；s_{pa} 是快充桩补贴；

s_{pb} 是慢充桩补贴；c_{pa} 是快充桩建设成本；c_{pb} 是慢充桩建设成本；m_{pa} 是快充桩维保成本；m_{pb} 是慢充桩维保成本。

3. 维保体系成本

建立维保体系成本模型需考虑车辆修理、保养和保险成本，不同车型的维保成本差异，车辆保险与车价和车辆保险折扣率相关。

$$C_3 = \sum \{N_{1i}[p_{bi} + p_{mi} + (0.266 + p_{ci}1.088\%)\theta_y]\} \tag{5-7}$$

式中，C_3 是维保体系成本；p_{bi} 是单车保养费；p_{mi} 是单车修理费；θ_y 是保险折扣率。

4. 运营服务成本

建立运营服务成本模型需考虑人力成本、租赁平台建设和维护成本、站点建设成本、一般网点建设成本和车位成本。

$$C_4 = \sum N_i \lambda m_{ci} + p_s + T_m + N_z p_{jz} + \sum N_{lj} p_{uj} + N_w p_{jw} \tag{5-8}$$

式中，C_4 是运营服务成本；λ 是人车比；m_{ci} 是单个人工成本；p_s 是租赁平台建设成本；T_m 是（年）租赁平台维护成本；N_z 是站点数量；p_{jz} 是站点建设成本；N_{lj} 是车位数量；p_{uj} 是（年均）车位租赁价格；N_w 是一般网点数量；p_{jw} 是一般网点建设成本。

5. 融资成本

建立融资成本模型需考虑企业贷款、债券融资和股权融资的资金成本。

$$C_5 = \sum L_j \, j \tag{5-9}$$

式中，C_5 是融资成本；L_j 是贷款额/债券融资额/股权融资额；j 是各项融资的资金成本。

5.3　数据来源与收集

经济性评估的运营数据一般由分时租赁运营商收集。运营商按一定流程和规范进行数据收集，包括成本和收入两方面。成本包括车辆购置成本、充电桩建设成本、网点建设和车位租赁成本、人力成本、车辆维保体系成本和充电成本等项目。收入包括政府补贴、租赁收入、广告等其他增值性收入。具体数据项目见表5-5。

表 5-5 成本收入数据收集项目

成 本				
车辆购置	车型	车辆数量	车辆购置单价	政府购置补贴
充电桩建设	快/慢充桩数量	快/慢充桩设备单价	充电桩建设费用	充电桩政府补贴
网点建设和车位租赁	网点数量	单个网点建设成本	车位数量	车位年租赁单价
动力电池更换	动力电池类型	动力电池数量	动力电池单价	—
车辆维保	单车修理和保养费用	—	—	—
保险费用	交强险	车损险	第三者责任险	
充电	车辆百公里耗电量	单车日均行驶里程	充电效率	充电电费
	充电服务费	—	—	—
人力成本	人员数量	人力年平均成本	—	—
分时租赁系统	系统建设成本	—	—	—
融资成本	贷款额度	贷款利率	贷款年限	—
收 入				
租赁收入	日均租赁时长	租赁单价	广告收入	大数据收入

第 6 章
电动汽车分时租赁能源环境效益评估

6.1 分时租赁能源环境效益来源

1. 车辆产品变化

2018年6月1日,我国生态环境部发布《中国机动车环境管理年报(2018)》[65],公布了2017年全国机动车环境管理情况。该报告指出,机动车污染已成为我国空气污染的重要来源,是造成环境空气污染的重要原因,机动车污染防治的紧迫性日益凸显,传统燃油汽车是机动车大气污染排放的主要贡献者。

与传统燃油汽车相比,电动汽车采用由动力电池、驱动电机等组成的电力驱动系统,运行过程是低排放或零排放的,因此在生产环节、运行环节对能源环境的影响存在显著差异。

随着分时租赁电动汽车数量的增加,以及传统燃油汽车数量相对减少,汽车对大气污染的贡献也将减小。根据 DriveNow China Delegation 统计,1辆car2go共享汽车最多可取代13辆私家车,car2go服务平均每年每城减少1000万~2900万km车辆行驶里程,每辆car2go共享汽车每年间接减少5.5~12.7t温室气体排放,有效降低了汽车给城市带来的环境污染和交通压力,如图6-1所示。

2. 区域环境及电力结构差异

车辆全生命周期各环节都需要电力供应。在车辆生产阶段,冲压、焊接、涂装、总装等环节需要消耗大量电力。对电动汽车而言,电力是运行阶段的主要能源,因此电力结构差异对车辆全生命周期各环节的能源环境效益都会产生

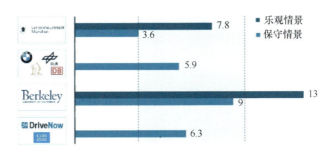

图 6-1　汽车分时租赁减少的私家车数量统计（单位：辆）

注：数据来自 DriveNow China Delegation。

影响。区域环境差异主要指环境温度不同。对电动汽车而言，环境温度变化、车载空调制冷或制热都会增加运行过程中的能量消耗。因此，不同环境温度下分时租赁电动汽车的能源环境效益存在较大差异。

3. 出行方式变化

汽车共享与公共交通的合理衔接，不仅满足了市民出行需求，还推动了市民出行方式的变化，即由私家车出行逐渐向公共交通出行转变，这有助于减少汽车的环境污染物排放。

根据 DriveNow China Delegation 统计，相比非分时租赁会员，分时租赁会员的交通出行方式中，私家车出行比例明显更低，同时，公共交通及骑行/步行比例明显更高，如图6-2所示。

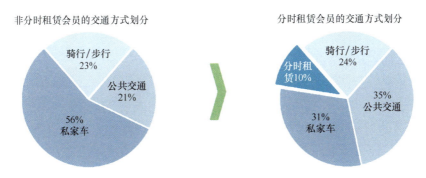

图 6-2　分时租赁对居民出行方式的改变

注：数据来自 DriveNow China Delegation。

6.2 评估边界与评估指标

6.2.1 评估边界

分时租赁电动汽车全生命周期能源环境效益评估边界包括车辆周期和燃料周期两部分,如图 6-3 所示。车辆周期指非分时租赁车辆和分时租赁电动汽车的矿物开采、材料提取、零部件制造、装配及报废回收等阶段。燃料周期指非分时租赁车辆和分时租赁电动汽车所用燃料(电力或汽油)的原料开采、加工和运输、车载油箱或动力电池存储以及为车辆运行提供驱动能量(车轮)等阶段。对于分时租赁电动汽车,燃料周期可分为分时租赁运营阶段和二手车运行阶段。

图 6-3 分时租赁电动汽车能源环境效益评估边界

6.2.2 评估指标

根据当前电动汽车热点问题,结合分时租赁运营模式,选择能量消耗和环境排放作为分时租赁电动汽车能源环境效益的评估指标。

能量消耗指车辆周期和燃料周期内所有一次和二次能源的总消耗。

环境排放指车辆周期和燃料周期内涉及的所有直接排放物和间接排放物的总和,其中温室气体包括 CO_2、CH_4 和 $N_2O^{\ominus}$,常规污染物包括 CO、NO_x、SO_2、NMVOCs(非甲烷类挥发性有机物)和 PM(颗粒物)。

⊖ 1kg CH_4 相当于 25kg CO_2 的环境影响,1kg N_2O 相当于 298kg CO_2 的环境影响。

6.3 不同情境评估模型构建

分时租赁电动汽车能源环境效益评估模型架构如图 6-4 所示。搭建车辆全生命周期能源环境效益评估模型，分别计算分时租赁电动汽车及非分时租赁车辆（含私家燃油汽车和私家电动汽车）全生命周期的能量消耗和环境排放。假设居民人均出行需求不变，建立分时租赁电动汽车的车辆周期和燃料周期能源消耗效益、温室气体排放效益、常规污染物排放效益数学模型。

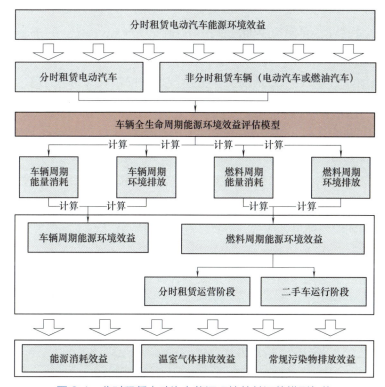

图 6-4　分时租赁电动汽车能源环境效益评估模型架构

6.3.1 分时租赁电动汽车替代私家燃油汽车

1. 能量消耗效益数学评估模型

当分时租赁电动汽车替代私家燃油汽车的数量 ≥ 1 时：

$$\Delta E = \Delta E_{车辆周期} + \Delta E_{分时租赁运营} + \Delta E_{二手车运行}$$

$$=NE_{icev}-\{E_{bev}+(n-1)E_{battery}\}+(FC_{icev}E_{petrol}-FC_{bev}E_{electr})l_{bev}365Y+$$
$$(FC_{icev}E_{petrol}-FC_{bev}E_{electr})l_{icev}365(10-Y) \tag{6-1}$$

当分时租赁电动汽车替代私家燃油汽车的数量 <1 时：

$$\Delta E=\Delta E_{车辆周期}+\Delta E_{分时租赁运营}+\Delta E_{二手车运行}$$
$$=-\{E_{bev}+(n-1)E_{battery}\}+(FC_{icev}E_{petrol}-FC_{bev}E_{electr})l_{bev}365Y+$$
$$(FC_{icev}E_{petrol}-FC_{bev}E_{electr})l_{icev}365(10-Y) \tag{6-2}$$

式中，ΔE 是分时租赁电动汽车能源消耗效益（MJ）；N 是单辆分时租赁电动汽车替代私家燃油汽车的数量；E_{icev} 是私家燃油汽车生产过程的能耗（含车辆废弃回收）（MJ）；E_{bev} 是分时租赁电动汽车生产过程的能耗（含车辆废弃回收）（MJ）；l_{icev} 是私家燃油汽车日均行驶里程（km）；l_{bev} 是分时租赁电动汽车运营情况下日均行驶里程（km）；n 是分时租赁电动汽车全生命周期内使用动力电池总数量；$E_{battery}$ 是动力电池生产过程的能耗（MJ）；FC_{icev} 是私家燃油汽车的能量消耗率（L/100km）；FC_{bev} 是分时租赁电动汽车的能量消耗率（kW·h/100km）；E_{petrol} 是单位体积汽油生产和燃烧过程的总能耗（MJ/L）；E_{electr} 是单位电力生产过程的总能耗（MJ/kW·h）。

当 $\Delta E \geq 0$ 时，与私家燃油汽车相比，分时租赁电动汽车全生命周期内节约能量，具备能耗效益；当 $\Delta E<0$ 时，与私家燃油汽车相比，分时租赁电动汽车全生命周期内消耗更多能量，不具备能耗效益。

2. 温室气体排放效益数学评估模型

分时租赁电动汽车温室气体排放效益计算逻辑与能源消耗效益一致，当分时租赁电动汽车替代私家燃油汽车的数量 ≥ 1 时：

$$\Delta GHGs=\Delta GHGs_{车辆周期}+\Delta GHGs_{分时租赁运营}+\Delta GHGs_{二手车运行}$$
$$=NGHGs_{icev}-\{GHGs_{bev}+(n-1)GHGs_{battery}\}+$$
$$(FC_{icev}GHGs_{petrol}-FC_{bev}GHGs_{electr})l_{bev}365Y+$$
$$(FC_{icev}GHGs_{petrol}-FC_{bev}GHGs_{electr})l_{icev}365(10-Y) \tag{6-3}$$

当分时租赁电动汽车替代私家燃油汽车的数量 <1 时：

$$\Delta GHGs=\Delta GHGs_{车辆周期}+\Delta GHGs_{分时租赁运营}+\Delta GHGs_{二手车运行}$$
$$=-\{GHGs_{bev}+(n-1)GHGs_{battery}\}+(FC_{icev}GHGs_{petrol}-FC_{bev}GHGs_{electr})$$
$$l_{bev}365Y+(FC_{icev}GHGs_{petrol}-FC_{bev}GHGs_{electr})l_{icev}365(10-Y)$$
$$\tag{6-4}$$

式中，$\Delta GHGs$ 是单辆分时租赁电动汽车相较私家燃油汽车的节碳量（kg CO_{2-eq}）；$GHGs_{icev}$ 是私家燃油汽车生产过程中的温室气体排放（kg CO_{2-eq}）；$GHGs_{bev}$ 是分时租赁电动汽车生产过程中的温室气体排放（kg CO_{2-eq}）；$GHGs_{petrol}$ 是单位体积汽油生产和燃烧过程中的温室气体排放（kg CO_{2-eq}/L）；$GHGs_{electr}$ 是单位电力生产过程中的温室气体排放（kg CO_{2-eq}/kW·h）。

当 $\Delta GHGs \geq 0$ 时，分时租赁电动汽车全生命周期内的温室气体排放低于私家燃油汽车，具备温室气体排放效益；当 $\Delta GHGs < 0$ 时，与私家燃油汽车相比，分时租赁电动汽车全生命周期不具备温室气体排放效益。

3. 常规污染物排放效益数学评估模型

当分时租赁电动汽车替代私家燃油汽车的数量 ≥ 1 时：

$$\Delta Em = \Delta Em_{车辆周期} + \Delta Em_{分时租赁运营} + \Delta Em_{二手车运行}$$
$$= NEm_{icev} - \{Em_{bev} + (n-1)Em_{battery}\} + (FC_{icev}Em_{petrol} - FC_{bev}Em_{electr})$$
$$l_{bev}365Y + (FC_{icev}Em_{petrol} - FC_{bev}Em_{electr})l_{icev}365(10-Y)$$

（6-5）

当分时租赁电动汽车替代私家燃油汽车的数量 <1 时：

$$\Delta Em = \Delta Em_{车辆周期} + \Delta Em_{分时租赁运营} + \Delta Em_{二手车运行}$$
$$= -\{Em_{bev} + (n-1)Em_{battery}\} + (FC_{icev}Em_{petrol} - FC_{bev}Em_{electr})l_{bev}365Y +$$
$$(FC_{icev}Em_{petrol} - FC_{bev}Em_{electr})l_{icev}365(10-Y)$$

（6-6）

式中，ΔEm 是单辆分时租赁电动汽车相较私家燃油汽车的常规污染物减少量（kg）；Em_{icev} 是私家燃油汽车生产过程中的常规污染物排放（kg）；Em_{bev} 是分时租赁电动汽车生产过程中的常规污染物排放（kg）；Em_{petrol} 是单位体积汽油生产和燃烧过程中的常规污染物排放（kg/L）；Em_{electr} 是单位电力生产过程中的常规污染物排放（kg/kW·h）。

当 $\Delta Em \geq 0$ 时，分时租赁电动汽车全生命周期内的常规污染物排放低于私家燃油汽车，具备常规污染物排放效益；当 $\Delta Em < 0$ 时，与私家燃油汽车相比，分时租赁电动汽车全生命周期不具备常规污染物排放效益。

6.3.2 分时租赁电动汽车替代私家电动汽车

与替代私家燃油汽车计算逻辑类似，由于分时租赁和私家车均为电动汽车，二手车运行阶段能源环境效益为 0，因此两者全生命周期内的能源环境效益计算只涉及车辆周期和分时租赁运营阶段两部分：

$$\Delta E = \Delta E_{车辆周期} + \Delta E_{分时租赁运营}$$
$$= (N-1)E_{bev} + (Nl_{icev} - l_{bev})FC_{bev}E_{electr}365Y \tag{6-7}$$

$$\Delta GHGs = \Delta GHGs_{车辆周期} + \Delta GHGs_{分时租赁运营}$$
$$= (N-1)GHGs_{bev} + (Nl_{icev} - l_{bev})FC_{bev}GHGs_{electr}365Y \tag{6-8}$$

$$\Delta Em = \Delta Em_{车辆周期} + \Delta Em_{分时租赁运营}$$
$$= (N-1)Em_{bev} + (Nl_{icev} - l_{bev})FC_{bev}Em_{electr}365Y \tag{6-9}$$

式中，近似以私家燃油汽车日均行驶里程 l_{icev} 作为私家电动汽车日均行驶里程。

6.4 关键参数及数据来源

6.4.1 燃料周期

1. 车辆能量消耗率

私家燃油汽车能量消耗率表示为 FC_{icev}。2017年12月，能源与交通创新中心发布《乘用车实际油耗与工况油耗差异年度报告2017》，将2016年全国31个省市72万辆销售车辆的综合工况油耗数据加权平均为6.89L/100km，以下取该值作为私家燃油汽车百公里耗油量平均值，即 $FC_{icev}=0.0689$L/km。

分时租赁电动汽车能量消耗率表示为 FC_{bev}。通过统计车辆实际运行过程中的行驶里程和充电量计算得出，考虑了动力电池容量、电机效率、电源效率和充电桩效率等因素。另外，为研究环境温度对电动汽车能量环境效益的影响，依据《电动汽车 能量消耗率和续驶里程 试验方法》（GB/T 18386—2017），选取分时租赁模式使用的典型车型，分别进行了常温、低温及高温条件下的车辆能量消耗率测试，测试结果如图6-5所示。

从测试结果看，环境温度变化和空调开启与否对车辆能量消耗率的影响较大。与常温状态相比，低温（0℃）开空调制热条件对电动汽车能量消耗率的影响最大，能量消耗率平均升高95.1%；高温（30℃）开空调制冷条件车辆能量消耗率平均升高42.5%；低温（0℃）不开空调条件车辆能量消耗率仅升高14.3%。此外，不同车型能量消耗率在高低温环境下的变化率有差异，主要体现在低温（0℃）开空调制热条件，相比其他车型，车型5对环境温度的适应能力更强。

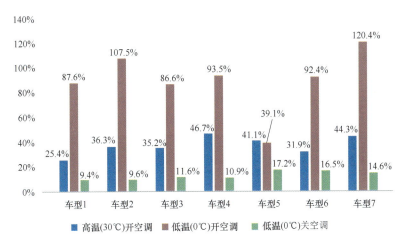

图 6-5 能量消耗率随环境温度变化特征（实验室数据）

2. 单车日均行驶里程

私家燃油汽车日均行驶里程表示为 l_{icev}。根据 2017 年北京交通发展研究院发布的《2017 年中国六城市新能源汽车消费者调查》[66]，不同城市车辆的行驶里程存在较大差异，但日均行驶里程均在 50km 以下。对比传统燃油汽车与电动汽车的行驶里程，除临沂受车型技术水平限制影响纯电动汽车出行强度外，在其他城市这两类车并未表现出明显差异。电动汽车基本能满足家庭日常城市出行需求，如图 6-6 所示。

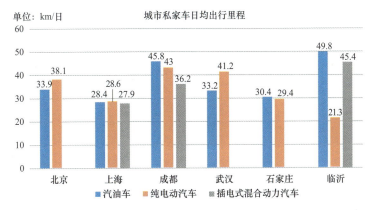

图 6-6 不同城市汽油车和电动汽车日均行驶里程对比

注：数据源于北京交通发展研究院。

分时租赁电动汽车日均行驶里程表示为 l_{bev}。可根据分时租赁运营商的实际运营统计数据计算。

3. 单位电力及汽油生产能耗及排放

电力和汽油全生命周期分为生产和使用两个阶段。其中，电力使用阶段能耗及排放为零。汽油全生命周期的能耗及排放采用公开发表文献的数据，见表6-1。

表6-1 单位汽油全生命周期能耗及排放

参　数	含　义	参数取值
E_{petrol}	单位体积汽油生产和燃烧过程总能耗/（MJ/L）	41.6
$GHGs_{petrol}$	单位体积汽油生产和燃烧过程温室气体排放/（kg CO_{2-eq}/L）	2.57
CO	单位体积汽油生产和燃烧过程常规污染物排放/（kg/L）	5.92E-01
SO_2		8.36E-04
NO_x		5.60E-03
NMVOCs		1.12E-02
PM		1.18E-04

电力生产过程能耗和排放基于全国及电力生产所在地区的电力构成情况（图6-7），通过全生命周期评价评估模型计算得到。

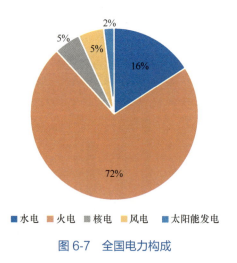

图6-7　全国电力构成

全国电网单位电力生产过程的总能耗、排放及常规污染物见表6-2。

表 6-2　全国电网单位电力生产能耗及排放

参　数	含　义	参数取值
E_{electr}	单位电力生产过程总能耗 /（MJ/kW·h）	9.58
$GHGs_{electr}$	单位电力生产过程温室气体排放 /（kg CO$_{2\text{-eq}}$/kW·h）	0.76
CO	单位电力生产过程常规污染物排放 /（kg/kW·h）	1.22E-03
SO$_2$		4.61E-03
NO$_x$		4.82E-03
NMVOCs		3.08E-04
PM		2.01E-03

6.4.2　车辆周期

车辆周期包括汽车生产过程和报废回收过程。其中，车辆生产过程包括零部件生产（含原材料获取和加工）及整车装配。车辆周期能耗的计算方式如下：

$$E_{icev}/E_{bev} = E_{部件生产} + E_{车辆组装} + E_{车辆废弃}$$

其中，$E_{部件生产} = M_{车辆质量} P_{部件质量占比} P_{部件材料成分比例} E_{单位材料生产加工能耗}$；$E_{车辆废弃}/E_{车辆组装} = E_{直接能耗} E_{单位能源生产能耗}$

车辆周期温室气体排放的计算方式如下：

$$GHGs_{icev}/GHGs_{bev} = GHGs_{部件生产} + GHGs_{车辆组装} + GHGs_{车辆废弃}$$

其中，$GHGs_{部件生产} = M_{车辆质量} P_{部件质量占比} P_{部件材料成分比例} E_{单位材料生产加工温室气体排放}$ $GHGs_{车辆废弃}/GHGs_{车辆组装} = E_{直接能耗} GHGs_{单位能源生产温室气体排放}$

车辆周期常规污染物排放的计算方式如下：

$$Em_{icev}/Ems_{bev} = Em_{部件生产} + Em_{车辆组装} + Em_{车辆废弃}$$

其中，$Em_{部件生产} = M_{车辆质量} P_{部件质量占比} P_{部件材料成分比例} Em_{单位材料生产加工常规污染物排放}$ $Em_{车辆废弃}/Em_{车辆组装} = Em_{直接能耗} Em_{单位能源生产常规污染物排放}$

私家燃油汽车整备能量采用能源与交通创新中心发布的《乘用车实际油耗与工况油耗差异年度报告 2017》中统计的行业平均数据，车辆相关数据采用分时租赁运营车型实际参数，生产过程所耗电力采用当地平均电力结构数据计算。应用全生命周期能源环境效益评估模型可得到不同电动汽车/燃油汽车的车辆周期能耗和排放数据。

第7章 电动汽车分时租赁动力电池回收利用

7.1 动力电池回收利用技术可行性分析

7.1.1 动力电池回收利用技术发展现状

随着电动汽车的不断推广，动力电池的更换和退役数量越来越多，分时租赁运营商在车辆达不到使用要求时，也要考虑动力电池的回收利用问题。动力电池的回收利用技术包括梯次利用技术和再生利用技术。根据我国工业和信息化部印发的《新能源汽车废旧动力蓄电池综合利用行业规范条件（2019年本）》，梯次利用指对废旧动力电池进行必要的检测、分类和拆分，以修复或重组为梯次利用动力电池产品，使其可应用在其他领域。再生利用指对废旧动力电池进行拆解、破碎、分选、材料修复或冶炼等处理，以进行资源化利用。

1. 梯次利用技术发展现状

当电动汽车动力电池容量低于额定容量的80%时，将无法满足车辆使用要求，但性能和寿命仍能满足电网储能、低速车的使用等要求。动力电池梯次利用是一种高效的回收利用方式，能充分利用动力电池残余价值，有效延长动力电池使用寿命，降低使用成本，因此得到行业的广泛关注。

（1）梯次利用应用场景介绍　国内外都在积极开展动力电池梯次利用的理论研发、试点示范工程建设工作，主要应用在备用电源、电力储能系统、低速电动车、分布式家庭储能等领域，如图7-1所示。

1）备用电源。备用电源可应用在通信基站或数据中心。

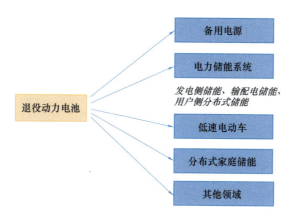

图 7-1　梯次利用动力电池主要应用领域

退役磷酸铁锂动力电池用作通信基站的备用电池具有一致性强、利用率高、模块化性能强、安全系数好等优点[67]。通信基站备用电池对充放电速度要求不高，也不会出现大电压、大电流充放电，使退役动力电池充放电过程中安全性有较大保证。通信基站备用电池所需容量较小，两辆电动汽车的退役动力电池的容量基本能满足一个基站的需求。

相较铅酸蓄电池，退役锂离子动力电池用作数据中心备用电源具有循环寿命长、浮充寿命长、占地面积小等优点，加之退役锂离子动力电池采购成本较低，有从业人员预估，数据中心备用电源的退役锂离子动力电池应用比例到 2025 年将增长至 35%[68]。

2）电力储能系统。电力储能系统应用可贯穿发电、输电、配电和用电各个环节，主要包括：发电侧储能，用于调节电力负荷，提高能源消纳能力，提高备用电网容量等；输配电储能，用于提高输配电设备利用效率，降低电路损耗，提高电网备用容量等；用户侧分布式储能，即分布式家庭储能，用于提高分布式能源消纳能力，移峰填谷、转移负荷，提高供电可靠性和电能质量。

3）低速电动车。我国的低速电动车和电动自行车市场保有量很大，在相关政策影响下，未来也会由以铅酸蓄电池为主要能源向以锂离子动力电池为主要能源转变，因此这一领域的废旧动力电池梯次利用也是相关企业开展研究的重点。

4）其他领域。针对使用铅酸蓄电池的小型分布式储能、风光互补路灯、UPS 电源和电动叉车等，改用电动汽车退役动力电池在技术上也具有可行性。

实际应用时，按各领域相关技术标准和要求对退役动力电池进行重组即可，我国已有部分企业开展了相关示范和市场化应用。

(2) 国内外梯次利用情况

1) 国内情况。在通信基站应用领域，中国铁塔自 2015 年 10 月以来，已在福建、广东、河南、黑龙江、山东、上海、四川、浙江、天津、山西、云南、辽宁等省市的 30 万个基站建立退役动力电池梯次利用试验点，将退役动力电池用作备用电源，或用于削峰填谷、组建微网系统等，取得了良好效果。

在低速电动车应用领域，国网浙江省电力公司对退役动力电池单体进行拆解、重组，用作低速电动自行车动力电源。国网北京市电力公司、北京工业大学和北京普莱德新能源电池科技有限公司联合开展退役动力电池梯次利用示范，将退役动力电池分别应用于电动场地车、电动叉车和电力变电站直流系统，实测性能优于传统铅酸蓄电池，且具有较大经济优势。杭州锣卜科技有限公司开展了退役动力电池在低速电动车领域的应用和推广，其电动物流车搭载 8kW·h 梯次动力电池，最高行驶速度 60km/h，最大续驶里程 200km，用户包括中国邮政、顺丰速运和美团外卖等。

在电力储能应用领域，中国电科院、国网北京市电力公司、北京交通大学等五家单位在北京市大兴电动出租车充电站内开展了 100 kW·h 梯次利用动力电池储能系统示范工程。该储能系统的主要作用为调节变压器输出功率，稳定节点电压，避免高峰负荷时段的变压器过载，在电网失电情况下，可由移动式储能电站带动用户负荷离网运行[69]。国网冀北电力有限公司唐山供电公司、北京交通大学建立了曹妃甸"梯次利用电池储能系统示范工程"，容量为 25kW/100kW·h，用于调节变压器输出功率、稳定节点电压、移峰填谷，保证向用户供电的可靠性和电能质量。

2) 国外情况。在储能应用领域，日产汽车和住友集团联合出资成立了 4R Energy 公司，主要从事电动汽车退役动力电池梯次利用工作，将日产聆风（Leaf）纯电动汽车的退役动力电池应用于住宅和商用储能系统。博世集团利用宝马 Active E 和 i3 纯电动汽车的退役动力电池建造了大型光伏电站储能系统。2012 年 11 月，通用汽车公司与 ABB 集团将雪佛兰沃蓝达（Volt）电动汽车的退役动力电池用于家庭储能系统，每个系统可满足 3~5 个普通家庭 2h 的电力需求。

在微网应用领域，美国可再生能源国家实验室（NREL）早在 2010 年就开始进行电动汽车退役动力电池梯次利用研究，提出退役动力电池可用于风力发电、太阳光伏电池和边远地区独立电源等领域。

2. 再生利用技术发展现状

（1）再生利用技术介绍　目前，动力电池回收技术主要分为物理法、火法和湿法。其中，湿法回收技术回收效率及产品纯度较高，逐渐成为国内外动力电池回收的主要技术方案[70]。此外，为提高有价金属回收率，很多企业也采用物理法、火法和湿法组合的回收方式。

1）物理法回收。物理法利用动力电池各组分的密度、磁性等物理性质差异，通过机械研磨、破碎浮选等物理方法进行材料分离，从而回收有价值的成分。该方法能简单分离动力电池各物质组分，多用于废旧动力电池预处理。

物理法对锂、钴的回收率较高，但回收的有价金属组分杂质含量高，难以回收铝箔、铜箔以及金属壳体碎片，容易导致电解质分解，进而造成环境污染。

2）火法回收。火法回收分为两种：通过高温还原焙烧，将动力电池中的有价金属氧化物还原为单质金属或合金；通过低温焙烧，使电极材料中的有机物发生氧化还原反应，以除去其中的有机物。高温还原焙烧是火法回收的主要工艺，低温焙烧一般用于废旧动力电池预处理过程。

火法回收工艺原料适应性强，适用于各类废旧动力电池，但不能有效回收动力电池隔膜、电解液、石墨、锂等物质，而且通常会排放有害气体污染环境，需安装废气处理设施。

3）湿法回收。湿法回收指利用酸、碱溶液将固态金属转移到浸出液中，再通过化学沉淀、萃取、吸附等工艺，将溶液中的金属离子分离，并制备成金属盐或金属化合物。

湿法回收工艺相对复杂，工艺流程长，但对锂、镍、钴、锰等有价金属的回收率及回收纯度高。此外，湿法回收过程中产生的废液含有大量重金属，需要科学收集处理。

4）其他技术。直接再生技术指在不破坏正极材料晶体结构的前提下，通过对正极材料进行分离、除杂、组分调控和煅烧再制备等，修复其结构，提升其电化学性能。目前，直接再生技术尚处于实验室研究阶段，未实现产业化应用。通过直接再生技术已经能实现对钴酸锂、磷酸铁锂等材料的回收，但不适用于镍钴锰酸锂、镍钴铝酸锂等三元材料的回收。

（2）国内外再生利用技术应用情况

1）国内情况。深圳市格林美高新技术股份有限公司采用湿法回收技术回收废旧动力电池中的镍、钴、锂等有价金属，如图7-2所示。首先利用快速分类与拆解技术，快速剥离动力电池壳与动力电池极片，有效分离铝与含钴正极

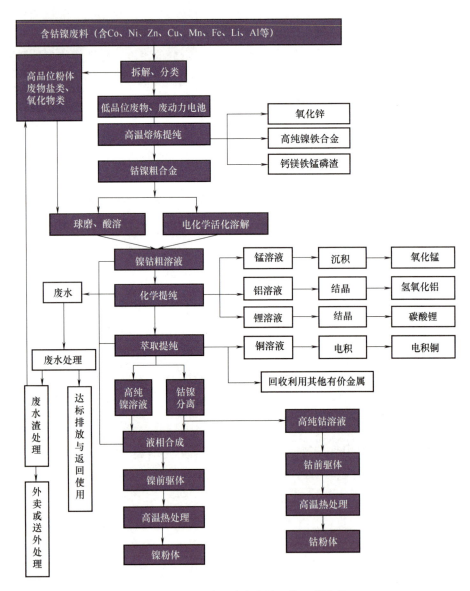

图7-2　格林美废旧动力电池回收工艺流程

材料,实现金属铝与正极粉的分离。然后利用氨循环法等化学提纯技术分离镍、钴、锰等金属元素。最后通过磷铁渣与低品位镍钴废料的高温反应,直接生产不锈钢行业用镍合金产品,或生成高品位镍铁合金或钴铁合金,达到提纯钴镍的目的。还可采用液相电催化和高温活化等创新技术快速恢复失效钴镍材料的性能,或采用基于雾化水解成型技术和高温成型技术的碳酸法工艺生成类球状钴粉,或采用雾化水解液相成型技术和爆破热还原高温成型技术制造特定形状和粒径分布的超细镍粉。

佛山市邦普镍钴技术有限公司采用物理法、火法和湿法综合的动力电池回收方法,工艺流程包括预处理、浸出、除杂、沉淀、烧结等工序,如图7-3所示。其中,预处理工序将废旧锂离子动力电池经破碎机破碎,然后送入热解炉进行热解,将少量有机电解液和黏结剂消除,使正负极材料与集流体分离,最后通过振荡筛分、风选、磁选等物理手段,分离得到正极粉、石墨、铝、铜、钢铁等材料。铝、铜、钢、铁等直接以金属形式回收[71]。正极粉通过酸浸、萃取、沉淀等湿法回收工艺,获得镍钴锰氢氧化物,然后与碳酸锂一起放入反应炉加热煅烧,最终获得工业级或动力电池级镍钴锰酸锂化合物。

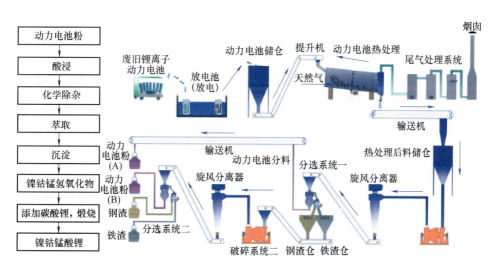

图 7-3 邦普废旧动力电池回收工艺流程

2)国外情况。美国 Toxco 公司采用物理法、湿法组合回收法,实现了碳酸锂的再生利用,如图7-4所示。首先将废旧动力电池浸入卤代锂溶液中,采用破碎机对动力电池进行机械破碎。然后利用物理方法实现锂与金属、塑料等组分的分离，得到塑料、铜、钴、铝等金属混合料及浆料。所得浆料进一步分离提纯后可得含钴、碳的钴滤饼和卤代锂溶液，最后在滤液中加入碳酸钠溶液可制备碳酸锂。碳酸锂经过水洗、干燥后可得工业级或动力电池级碳酸锂。

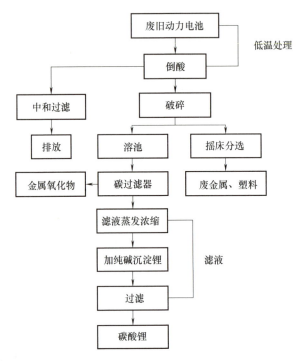

图 7-4　美国 Toxco 公司废旧动力电池回收工艺流程

比利时 Umicore 公司采用典型的火法回收技术，回收废旧动力电池中的有价金属，如图 7-5 所示。回收过程主要是将废旧动力电池直接投入炉中还原熔炼，使动力电池中的有机物及石墨分解或燃烧，有价金属镍、钴、铜、铁等被还原后以合金形式回收，铝、锰、锂等进入炉渣。

德国 IME 公司采用物理法、火法、湿法综合回收工艺进行有价金属再生利用。首先利用物理法分选动力电池外壳和电极材料，将电极材料置于反应罐中加热至 250℃，使电解液挥发后冷凝回收。然后利用破碎、筛选、磁选等方法将铁、镍与铝、锂等金属化合物分离。最后采用电弧炉熔解钴、锂化合物，制得钴合金，采用湿法溶解烟道灰和炉渣制得 Li_2CO_3。

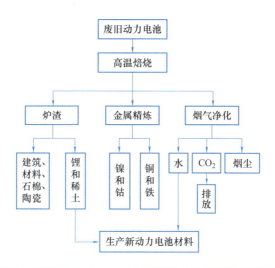

图 7-5 比利时 Umicore 公司废旧动力电池回收工艺流程

日本三菱公司（Mitsubishi）采用物理法、火法组合工艺回收锂、铜等金属。首先利用液氮将废旧动力电池冷冻、拆解，分选出塑料后，利用破碎、磁选、水洗等方法得到钢铁，利用分选、水洗等方法得到铜箔，剩余颗粒通过充分燃烧得到 $LiCoO_2$，排出的气体用 $Ca(OH)_2$ 吸收得到 CaF_2 和 $Ca_3(PO_4)_2$。

英国 AEA 公司采用湿法工艺回收有价金属。在低温下破碎后，分离出钢材，加入乙腈作为有机溶剂提取电解液，再以 N-甲基吡咯烷酮为溶剂提取黏合剂（PVDF），然后对固体进行分选，得到铜、铝和塑料，在 LiOH 溶液中电沉积回收钴。

法国 Recupyl 公司采用物理法、湿法组合工艺回收钢铁、铜、锂等金属元素。首先在惰性混合气体保护下对动力电池进行破碎处理，磁选分离得到纸、塑料、钢铁和铜，以 LiOH 溶液浸出部分金属离子，不溶物再用硫酸浸出，加入 Na_2CO_3 得到铜和其他金属沉淀物。过滤后，滤液中加入 NaClO 氧化处理得到 $Co(OH)_3$ 沉淀和 Li_2SO_4 溶液，将惰性气体中的 CO_2 通入含锂的溶液中得到 Li_2CO_3 沉淀。

7.1.2 动力电池回收利用技术经济性分析

1. 梯次利用经济性分析

中国汽车技术研究中心有限公司贾晓峰对退役磷酸铁锂动力电池用于通

信基站领域的经济性进行了评估，得出以下结论：退役磷酸铁锂动力电池比铅酸蓄电池性价比高，且性价比随退役磷酸铁锂动力电池循环寿命的增加快速提高，当磷酸铁锂动力电池循环寿命达到800~2000次时，性价比是铅酸蓄电池的2~4倍[72]。

华北电力大学控制与计算机工程学院韩晓娟通过建立评估模型对快速充电站不配置储能、配置常规蓄电池储能和配置梯次动力电池储能三种情景的经济性进行了评估，相比前两种情景，配置退役动力电池能降低配电网容量扩建成本、充电站建设投资成本，产生的经济收益最高[73]。

在电力储能电站应用方面，梯次利用动力电池能降低储能电站蓄电池的购买成本，但增加了筛选、配组、运营维护和运输等环节的费用。具备健全追溯体系和监控机制的退役动力电池，具有全生命周期运行的各项监控数据。基于这些数据能实现对动力电池寿命和性能的准确评估，降低退役动力电池前期的筛选、检测成本，提高梯次利用动力电池储能电站应用的经济性。

2. 再生利用经济性分析

三元锂动力电池中含有大量有价金属，且纯度高于原矿，具有较高回收价值。磷酸铁锂电池中有价金属含量低，再生利用价值低。

当前，三元锂动力电池再生利用具有一定经济效益，磷酸铁锂动力电池尚处于亏损状态。中国汽车技术研究中心有限公司贾晓峰等人根据调研数据，分别对动力电池回收工艺主要成本及产生收益情况进行分析计算，结果见表7-1。从回收工艺看，物理法回收三元锂动力电池，回收收益最高，湿法回收工艺材料回收效率更高，呈现出较大的盈利潜力[72]。

表7-1 回收处理1t废旧动力电池的工艺处理成本及收益情况

工艺	三元锂动力电池经济性/（元/t）			磷酸铁锂动力电池经济性/（元/t）		
	成本	收益	盈利	成本	收益	盈利
湿法	14815	18073	3258	9915	8220	-1695
火法	14390	17405	3015	9490	7994	-1496
物理法	13264	16728	3464	8364	7703	-661

2013年，中国汽车技术研究中心有限公司承担国家高技术研究发展计划项目（"863计划"）《电动汽车能源环境效益分析与电池回收系统研究》，建

立了废旧动力电池回收经济性分析模型，并对废旧动力电池回收过程的成本数据进行了调研和收集，得出处理 1t 三元锂动力电池的成本约为 34278 元，再生材料收益约为 35344 元，利润约为 1070 元，见表 7-2 和表 7-3。

表 7-2 湿法回收 1t 三元锂动力电池成本数据

物料名称	| 输 入 数 据 |				成本/元
	数 量	单 位	单 价	单 位	
购买动力电池成本	1000	kg	25000	元/t	25000
辅助材料成本	1100	kg	560	元/t	616
	40	kg	200	元/t	8
	2300	kg	1000	元/t	2300
	21	kg	1200	元/t	25.2
	1	kg	48000	元/t	48
	1	kg	22000	元/t	22
	4.89	kg	9600	元/t	46.944
	370	kg	960	元/t	355.2
	14	t	5	元/t	70
	100	kg	3800	元/t	380
燃料动力成本	670	kW·h	0.79	元/(kW·h)	529.3
	280	m³	2.9	元/m³	812
预处理费用	1000	kg	700	元/t	700
废水处理费用	10	t	40	元/t	400
废弃物处理费用	350	kg	90	元/t	31.5
设备费用	83	元	83	元/t	83
	1200	元	1200	元/t	1200
人工费用	450	元	450	元/t	450
缴纳税收费用	1197	元	1197	元/t	1197
总成本	| 34278 元 |				

表 7-3 湿法回收 1t 三元锂动力电池收益数据

	输 出 数 据					
	物料名称	数 量	单 位	单 价	单 位	收益/元
再生材料利润	塑料 PP	40	kg	3000	元/t	120
	铜	100	kg	46000	元/t	4600
	铝	60	kg	10000	元/t	600
	钢铁	180	kg	2300	元/t	414
	碳酸锂 其中含锂 20kg	132	kg	30000	元/t	3960
	镍钴锰氢氧化物	285	kg	90000	元/t	25650
总收益	35344 元					

3. 动力电池再生利用技术环境效益分析

不同动力电池回收工艺产生的环境效益有所差异，火法回收需消耗大量能量，且高温下会产生大量有害气体。湿法回收需消耗大量酸、碱溶液和萃取剂，回收过程会产生大量重金属废液，如果处理不当，则会对环境造成一定影响。

广东邦普循环科技有限公司谢英豪等人基于全生命周期评价方法，分别对定向循环法（火法、湿法综合回收）、传统火法回收、原矿冶炼法和传统湿法回收三元锂动力电池正极材料的环境影响进行研究。结果显示，在环境排放方面，相比传统火法回收及原矿冶炼，定向循环及传统湿法回收制备镍钴锰酸锂对环境更友好，传统湿法回收工艺对环境的影响是定向循环工艺的 8 倍。在能量消耗方面，原矿冶炼和火法回收更耗能，是定向循环及传统湿法的 2.3~3.5 倍，定向循环回收是传统湿法回收的 1.4 倍[71]。

7.2 国内外动力电池回收利用经验

一些发达国家针对铅酸蓄电池、消费锂离子蓄电池等建立的回收体系取得了良好效果，因此车用动力电池的回收利用基本沿用了此前的回收经验，形成了由动力电池生产企业承担动力电池回收主要责任的制度机制。产业链上，其他主体也有相应责任，但具体的责任分担机制在各国略有不同。

7.2.1 美国动力电池回收管理体系

美国对废旧动力电池的回收，以市场调节为主，政府通过制定环境保护标准进行约束管理，辅助执行废旧动力电池回收。

针对废旧动力电池的立法涉及联邦、州及地方三个层面，颁布了《资源保护和再生法》《清洁空气法》《清洁水法》。从联邦法规角度，采用许可证管理办法，加强对动力电池生产企业和废旧动力电池资源回收利用企业的监管。《含汞电池和充电电池管理法》主要针对废旧二次电池的生产、收集、运输、储存等过程提出相应技术规范，同时明确了有利于后期回收利用的标识规定。纽约和加州的产品管理法案中覆盖了锂离子蓄电池产品，要求制造商在不牺牲消费者和零售商利益的前提下，制定电池收集和回收计划。此外，美国将废旧电池回收利用的教育纳入立法范畴：1995 年制订的《普通废物垃圾的管理办法（UWR）》提出要加大宣传教育力度，使民众了解废旧电池的环境危害性，发挥民众在废旧电池回收利用中的作用，从小培养儿童的废旧电池回收意识[74]。

在废旧动力电池的回收工作上，美国确立了以生产者责任延伸为原则的回收体系，如图 7-6 所示。首先，在生产动力电池时，生产者要建立统一标识，便于回收再利用。其次，美国动力电池生产商基于自身零售网络，负责组织回收废旧动力电池，并对此承担相关责任。此外，美国以消费者购买动力电池所支付的手续费和动力电池企业缴纳的回收费作为废旧动力电池处理资金，并在废旧动力电池回收企业和动力电池制造企业间构建经济协作关系。美国通过协议价格引导动力电池生产企业履行生产商责任，并确保废旧动力电池回收企业获得利润。

在回收制度方面，美国国际电池协会创设了押金制度，促使消费者主动上交废旧电池产品。美国政府建立电池回收利用网络，采取附加环境费的方式，通过在消费者购买电池时收取一定手续费和电池生产企业付出一部分回收费，来支持电池产品报废回收。同时，废旧电池回收企业以协议价将提纯的原材料卖给电池生产企业。这种模式既能让电池生产企业很好地履行相关责任义务，还在一定程度上保证了废旧电池回收企业的利润，落实了生产者责任延伸制度。

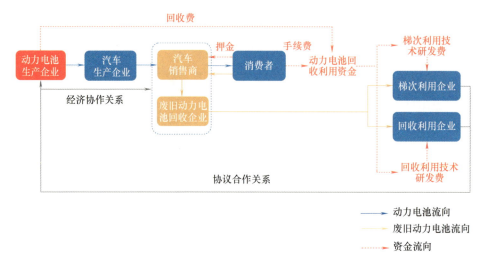

图 7-6 美国动力电池回收体系

除押金制度外,美国主要有三个渠道可实现动力电池回收:一是动力电池制造商通过销售渠道进行废旧动力电池回收;二是政府环保、工业部门等下辖的专门收集废旧动力电池中特定物质(例如废旧铅酸蓄电池中的铅)的强制联盟回收废旧动力电池;三是一些特定的废旧动力电池回收公司回收废旧动力电池。上述三个回收渠道收集的废旧动力电池都将交给具有处理资质的专业公司进行回收处理,以避免"二次污染"。

7.2.2 德国动力电池回收管理体系

德国利用经销商和维修服务商定点回收废旧动力电池,然后交给有资质的处理企业进行回收利用[75]。

德国与动力电池回收相关的法规基本以欧盟指令为基础制订和修订。《循环经济法》主要依据欧盟《废弃物框架指令(2008/98/EC)》制订,德国的《电池回收法案》《报废汽车回收法案》分别依据欧盟的《电池回收指令(2006/66/EC)》《报废汽车指令》制订。2009 年起,德国《电池法》生效。根据该法,德国境内出售电池的商户必须设立电池回收点,回收箱每周至少清空一次,转运到回收工厂。在这些已有法规的约束下,产业链上的生产者、消费者、回收者均负有一定的责任和义务。依据欧盟和德国电池回收法规的规定:动力电池生产和进口商必须在政府登记;经销商要组织回收机制,配合生产企业向消费者介绍能免费回收动力电池的地点；消费者有义务将废旧动力电池交到指定回收机构[75]。

德国利用基金和押金机制已建立便携式电池和铅酸蓄电池的回收利用体系，并且运行良好，如图7-7所示。1998年，德国头部电池制造商与电子电器制造商协会共同推动成立了共同回收系统基金会（GRS），电池企业按产品的市场份额、重量和类型支付管理费用，可共享基金会的回收网络。GRS于2010年开始回收工业电池，未来可能将电动汽车动力电池纳入回收体系。GRS成员包括电池生产商和经销商近2600家，2012年回收废旧电池14511t，回收率达43.6%。GRS拥有17万个电池收集点，在超市、商场均有绿色回收箱，即使在乡村，每隔1~2km也有一个回收点。GRS通过三种安全标记分类收集电池，以便在运输和存储过程中采取不同安全策略。绿色箱子收集普通电池，黄色箱子收集高能电池（500g以上锂电池），红色箱子收集受损高能电池。[75]

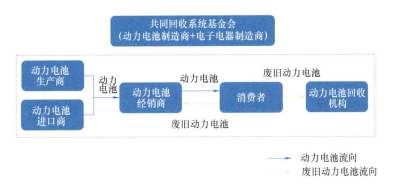

图7-7 德国动力电池回收体系

电池生产商负担废弃电池的收集、处置和循环利用成本，工业电池生产商和使用者可通过协议方式约定经费的负担问题。

7.2.3 日本动力电池回收管理体系

1994年10月起，日本电池生产商采用电池回收计划，建立起"蓄电池生产—销售—回收—再生处理"的电池回收利用体系。日本的动力电池回收再利用系统建立在每个厂商自愿的基础上，零售商、汽车销售商和加油站免费从消费者手中回收废旧动力电池，交给回收公司进行分解，如图7-8所示。

日本政府制订了一系列法规来规范废旧电池回收，例如《促进建立循环型社会基本法》《固体废弃物管理和公共清洁法》《资源有效利用促进法》《节能法》和《再生资源法》等，还包括根据不同产品性质制订的专门法规。

2000年，日本政府开始介入动力电池回收产业，制定回收拆解标准。日本政府规定生产商负责镍氢蓄电池和锂离子蓄电池的回收，动力电池回收后运到生产企业进行处理，同时对回收单位提供国家资金补助，以鼓励供应商全面、规范地回收动力电池。

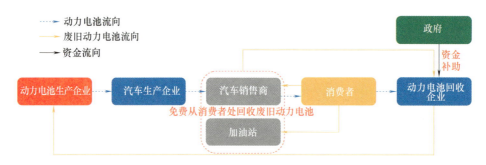

图 7-8　日本动力电池回收体系

7.2.4　国外动力电池回收体系相关启示

总体来看，国外动力电池回收产业以市场调节为主、政府约束为辅，将法律法规作为防治动力电池污染和实现再循环的重要保障。发达国家通过建立健全法律机制，充分实施"延伸生产者责任"制度，利用法律强制力对各环节进行约束，确保整个电池生命周期内的相关主体承担责任并履行义务。

1）法律规范和政策标准体系的建设非常重要。良好的动力电池回收与运作依托于法律的规范性。欧盟从2008年开始强制要求动力电池生产商建立汽车废旧动力电池回收体系，同时对动力电池产业链上的生产商、进口商、销售商和消费者等都提出了明确的法定义务。美国大部分州都采用由美国国际电池协会设计的法规制度，强制要求动力电池零售商回收废旧动力电池，并要求动力电池生产商在生产过程中采用便于回收的设计和标识。日本从2000年起规定动力电池生产商负责镍氢蓄电池和锂离子蓄电池的回收，并要求动力电池产品设计要利于回收。

2）具有经济性的动力电池回收商业模式或体系构建可保障动力电池高效回收。美国政府建立了动力电池回收利用网络，采取附加环境费的方式，通过在消费者购买动力电池时收取一定额度手续费和动力电池生产企业付出一部分回收费，来支持产品报废回收。同时，废旧动力电池回收企业以协议价将提纯的原材料卖给动力电池生产企业，保证动力电池回收有一定利润空间，促进动力电池回收利用。日本政府提供相关补贴，保证动力电池回收的顺利运转。

美国和欧盟都通过押金制度促使消费者主动上交动力电池，通过协会或联盟来搭建动力电池回收体系。联盟提供的资金主要用于支持动力电池回收工作或技术研发。

3）国民教育非常关键。消费者主动上交废旧动力电池的规模将直接决定废旧动力电池回收率。美国、日本等国从儿童时期就对国民开展电池回收教育，使电池回收理念深入人心，有力促进了消费者上交报废动力电池的主动性和积极性。

7.2.5 国内外动力电池回收利用企业经验

1. 国外动力电池回收利用企业经验

全球各国都在积极开展动力电池梯次利用的实验研究和工程应用，日本、美国和德国等国起步较早，已经有一些成功应用的工程项目和商业项目。在美国、日本、德国和瑞典等国，梯次利用动力电池储能已有实际应用，包括商业运作项目和示范工程项目。梯次利用动力电池储能应用案例见表 7-4，主要分为商业运作、示范工程和项目研究三种。

表 7-4 国外梯次利用动力电池典型应用案例

性质	所在地	应用领域	参与主体	应用情况
商业运作	日本	电动汽车、家庭和商业储能	4R Energy 公司（日产汽车与住友集团合资成立）	将日产聆风的废旧动力电池翻新，替换性能已衰减的动力电池，或用作住宅和商用储能设备
	日本、美国	家庭储能	美国 EnerDel 公司、日本伊藤忠商事	在部分新建公寓中推广梯次利用动力电池
	美国	移动电源/小型商用	美国 FreeWire 公司	将日产车型退役动力电池用于电动汽车充电宝产品 Mobi Charger，供写字楼等工作区域的用户使用

（续）

性质	所在地	应用领域	参与主体	应用情况
示范工程	德国	电网储能	TUV 南德意志集团	2010年，受 Germany Federal Institute for Building 的委托，TUV 参与电动汽车动力电池梯次利用研究项目，在柏林开展动力电池梯次利用储能的项目研究和应用示范工程。由德国能源与气候研究机构提供资金支持
	德国	电网储能	博世集团、宝马、瓦腾福公司（运维）	博世集团利用宝马 Active E 和 i3 纯电动汽车的退役动力电池，在柏林建造 2MW/2MW·h 大型光伏电站储能系统
	德国	电网储能	奔驰公司	对 1000 辆 smart 的退役动力电池进行梯次利用，制成 13MW·h 的电网服务储能设施，使退役动力电池有效梯次利用率达 90% 以上
项目研究	美国	综合研究	美国 Sandia 国家实验室	2002年，美国国家能源部首次立项委托 Sandia 国家实验室开展车用淘汰动力电池的二次利用研究，该项目主要针对动力电池梯次利用的领域、过程及步骤、经济性、示范规模进行初步研究
	美国	分布式发电/微网	美国可再生能源国家实验室	2010年，开始进行插电式混合动力汽车及纯电动汽车用锂离子动力电池二次利用研究，提出废旧动力电池可用在风力发电、太阳能光伏发电、边远地区独立电源等领域
	美国	经济效益	加州大学戴维斯分校混合动力电动汽车研究中心	2010年对锂离子动力电池的二次利用和价值等进行了研究
	美国	经济效益	西北太平洋国家实验室	研究了动力电池在电网系统中二次利用的经济效益问题
	美国、瑞典	智能电网	美国通用、瑞典 ABB	针对2010年底量产的插电式混合动力汽车沃蓝达，联合开展了车载锂离子动力电池再利用的调查与研究，包括智能电网方面，例如用来存储太阳电池系统和风力发电系统等产生的电能
	美国、日本	技术/商业可行性	Duke 能源、ITOCHU 公司	合作评价和测试二次利用电动汽车动力电池。将旧动力电池用于辅助家庭能源供应、存储可再生能源。确定二次利用动力电池的技术可行性和商业可行性

由表 7-4 可见，在商业化运作方面，当前梯次利用动力电池储能侧重于用户侧，日产汽车、住友集团、EnerDel 公司、伊藤忠商事、Duke 能源等均在开展梯次利用动力电池在家庭能源管理领域的商业化应用。示范工程项目则主要针对智能电网、微网等形式的大型储能系统，或分布式储能、充电站等中等规模储能站，美国通用公司与瑞典 ABB 集团联合开展了退役动力电池在智能电网的二次利用，用于平抑风电、光伏波动等。目前，梯次利用动力电池储能还处于产业发展初期，实际商业项目针对小规模的家用、商用储能系统，对技术要求相对较低，安全性与稳定性的保障相对容易，成本与投入相对较小，对电网与电力市场的影响也不大，因此可操作性强、容易实现。对于大型储能系统或中等规模储能站的应用，目前尚处于示范应用和项目研究阶段，需要大量资金投入与技术支持，对安全性、稳定性、可靠性要求较高，暂时无法完全实现商业化应用[76]。从参与主体来看，国外一般由汽车企业主导，联合动力电池企业及回收企业实施。

2. 国内回收利用企业经验

我国从近几年才开始开展与动力电池回收利用相关理论的研究和示范工程建设，步伐相对较慢，规模化的商业运作还未真正开始。我国废旧动力电池的梯次利用以储能系统作为主要发展方向，中国电科院、国家电网、北汽新能源、北京普莱德和北京交通大学等单位已经开展了相关研究和测试，形成了一些示范项目，为商业化推广奠定了基础，见表 7-5。

表 7-5 中国动力电池梯次利用示范项目列表

所在地	应用领域	参与主体	应用情况
北京	商业储能	中国电科院、国网北京市电力公司、北京交通大学	大兴电动出租车充电站"梯次利用电池储能系统示范工程"，容量为 100kW·h，用于调节变压器功率输出，稳定节点电压水平，可离网运行
河北唐山	电网储能	国网冀北电力有限公司唐山供电公司、北京交通大学	曹妃甸"梯次利用电池储能系统示范工程"，容量为 25kW/100kW·h，用于调节变压器功率输出，稳定节点电压水平，移峰填谷，保证向用户供电的可靠性和电能质量，可离网运行
北京	电网储能	国网北京市电力公司、北京交通大学	"动力电池梯次利用技术研究与示范应用"，使用奥运充电站的退役动力电池，设计储能示范系统，累计供能 240kW·h

(续)

所在地	应用领域	参 与 主 体	应 用 情 况
北京	低速电动车/电网储能	国网北京市电力公司、北京工业大学、北京普莱德新能源电池科技有限公司	北汽新能源汽车产业基地"汽车动力电池系统梯次利用及回收示范线",利用退役动力电池,在电动场地车、电动叉车和电力变电站直流系统上进行改装示范
河南郑州	电网储能	国网河南电力公司、南瑞集团	2014年8月建成郑州市尖山真型输电线路试验基地"退役电池储能示范工程",国内首个真正意义的基于退役动力电池的混合微电网系统,由多晶硅太阳能光伏发电系统、风力发电系统、退役动力电池储能双向变流器及退役动力电池储能系统组成的风光储混合微电网工程,在1年时间内累计发电超过45MW·h
全国	基站备用电池	中国铁塔	2016年,利用退役磷酸铁锂动力电池作为基站的备用电源,在57个基站开展了试点。2017年,采购退役动力电池0.3GW·h,在1万多个基站安装并应用
江苏溧阳、南通	用户侧储能	上海煦达新能源	2017年9月,在江苏溧阳建成180kW/1.1MW·h梯次利用动力电池储能系统。2018年10月,在江苏南通远东投运1MW·h/7MW·h系统,用于工商业用户侧的削峰填谷和需量电费管理,以降低用户用电成本

从表7-5可见,国内动力电池梯次利用项目以商业储能和大规模储能为主。从参与主体来看,国内项目多以国家电网为主,因为动力电池梯次利用涉及规模化储能业务,国家电网的参与能促进储能能源更好实现并网。

国内动力电池综合利用主体以专业综合利用企业和动力电池生产企业为主,也有部分汽车生产企业和原材料生产企业。

7.3 动力电池回收利用国内政策和标准

7.3.1 动力电池回收利用相关政策

2006年以来,我国有关部门出台了一系列动力电池回收利用政策,主要如下。

2006年,国家发展和改革委员会(以下简称国家发改委)、科学技术部

（以下简称科技部）、国家环境保护总局联合发布的《汽车产品回收利用技术政策》（以下简称《技术政策》）中，关于动力电池回收的内容包括：

1）电动汽车（含混合动力汽车等）生产企业负责回收、处理其销售的电动汽车的蓄电池。

2）汽车保养、维修过程中产生的蓄电池等应按规定分类回收、保管和运输，交给相关企业进行加工处理、改变用途使用，或作为能量再生使用。

3）对含有有毒物质或对环境及人身有害的物质，如蓄电池等，必须交由有资质的企业处理。

《技术政策》是推动我国对汽车产品报废回收制度建立的指导性文件。

2011年，财政部、科技部、工业和信息化部（以下简称工信部）联合国家发改委共同发布的《关于进一步做好节能与新能源汽车示范推广试点工作的通知》中提出：整车或电池租赁企业要建立动力电池回收处理体系，落实动力电池回收责任，制定相关的回收服务承诺，建立相应的处理能力。

2012年，国务院印发的《节能与新能源汽车产业发展规划（2012—2020年）》中提出：

1）构建动力电池回收利用体系。

2）重点在国家确定的试点城市集中开展电池回收利用的综合评价。

3）加强动力电池梯级利用和回收管理。包括：制定动力电池回收利用管理办法，建立动力电池梯级利用和回收管理体系，明确各相关方的责任、权利和义务；引导动力电池生产企业加强对废旧电池的回收利用，鼓励发展专业化的电池回收利用企业；严格设定动力电池回收利用企业的准入条件，明确动力电池收集、存储、运输、处理、再生利用及最终处置等各环节的技术标准和管理要求。

4）加大财税政策支持力度。新能源汽车示范城市安排一定资金，重点用于建立电池梯级利用和回收体系等。

5）营造有利于产业发展的良好环境。大力发展有利于扩大动力电池回收利用的市场营销和售后服务体系。

2014年，国务院办公厅印发的《关于加快新能源汽车推广应用的指导意见》中提出：要研究制定动力电池回收利用政策，探索利用基金、押金、强制回收等方式促进废旧动力电池回收，建立健全废旧动力电池循环利用体系。

2015年，财政部、科技部、工信部联合国家发改委下发的《关于2016—2020年新能源汽车推广应用财政支持政策的通知》中明确提出：汽车生产企业及动力电池生产企业应承担动力电池回收利用的主体责任。

同年，工信部制定的《汽车动力蓄电池行业规范条件》中规定：动力蓄电池系统企业应会同汽车整车企业研究制定可操作的废旧动力蓄电池回收处理、再利用的方案。

2016年，国家发改委、工信部、环境保护部（以下简称环保部）、商务部联合国家质量监督检验检疫总局（以下简称质检总局）共同发布《电动汽车动力蓄电池回收利用技术政策（2015年版）》(以下简称新版《技术政策》)，对电动汽车动力电池的设计生产、回收主体、梯次利用及再生利用等做出了具体规定。在动力电池回收利用责任主体的确定上，新版《技术政策》明确了电动汽车及动力电池生产企业（含进口商）是动力电池回收利用的责任主体。其中，电动汽车整车生产企业应负责回收安装在整车上的电动汽车动力电池，动力电池生产企业（指系统生产企业）应负责回收其销售给独立动力电池经销商（整车生产企业售后体系之外）的动力电池。新版《技术政策》明确提出将建立动力电池编码制度，构建起动力电池回收再利用的可追溯体系。

新版《技术政策》出台的主要目的是加强对动力电池回收利用工作的技术指导和规范，明确动力电池回收利用的责任主体，指导相关企业建立上下游企业联动的动力电池回收利用体系，有助于培育良好的再利用体系。

2016年12月，环保部修订并发布了《废电池污染防治技术政策》，明确各类电池的制造商、进口商以及相关商家承担废旧电池回收责任。

1）鼓励电池生产企业、废电池收集企业及利用企业等建设废电池收集体系。

2）鼓励电池生产企业履行生产者延伸责任。

3）逐步建立废新能源汽车动力蓄电池等的收集、运输、贮存、利用、处置过程的信息化监管体系，鼓励采用信息化技术建设废电池的全过程监管体系。

2016年，工信部制定《新能源汽车废旧动力蓄电池综合利用行业规范条件（2016年本）》及《新能源汽车废旧动力蓄电池综合利用行业规范公告管理暂行办法（2016年本）》，对动力电池综合利用企业提出规模、装备和工艺等要求。

2017年，国务院办公厅印发《生产者责任延伸制度推行方案》，提出电动汽车及动力电池生产企业应负责建立废旧电池回收网络。动力电池生产企业应实行产品编码，建立全生命周期追溯系统。

2017年，工信部发布《新能源汽车生产企业及产品准入管理规定》，提出实施新能源汽车动力电池溯源信息管理，跟踪记录动力电池回收利用情况。

2017年，工信部、发改委、科技部联合财政部印发《促进汽车动力电池产业发展行动方案》，明确完善产业发展环境，落实《电动汽车动力蓄电池回收利用技术政策（2015年版）》。适时发布实施动力电池回收利用管理办法，强化企业在动力电池生产、使用、回收、再利用等环节的主体责任，逐步建立完善动力电池回收利用管理体系。

2018年2月，工信部、科技部、环保部、交通部、商务部、质检总局、能源局联合印发《新能源汽车动力蓄电池回收利用管理暂行办法》（以下简称《暂行办法》），同年8月1日起实施。根据《暂行办法》，整理得到动力电池回收管理体系，如图7-9所示。

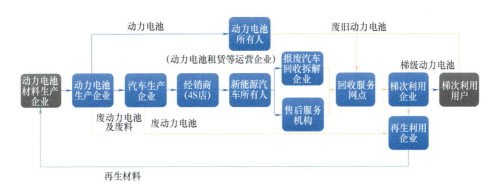

图7-9 动力电池回收管理体系

《暂行办法》明确规定，汽车生产企业承担动力电池回收的主体责任，相关企业在动力电池回收利用各环节履行相应责任，保障动力电池的有效利用和环保处置。

《暂行办法》中各关键方的权责关系如下：

1）汽车生产企业承担动力电池回收的主体责任。应建立维修服务网络，满足新能源汽车所有人的维修需求。应建立动力电池回收渠道，负责回收新能源汽车使用及报废后产生的废旧动力电池。

2）新能源汽车所有人在动力电池需维修更换时，应将新能源汽车送至具备相应能力的售后服务机构进行动力电池维修更换。在新能源汽车达到报废要求时，应将其送至报废汽车回收拆解企业拆卸动力电池。

3）动力电池所有人（动力电池租赁等运营企业）应将废旧动力电池移交至回收服务网点。废旧动力电池移交给其他单位或个人，私自拆卸、拆解动力电池，由此导致环境污染或安全事故的，应承担相应责任。

4）梯次利用企业应回收梯次利用动力电池产品生产、检测、使用等过程中产生的废旧动力电池，集中储存并移交至再生利用企业。

《暂行办法》充分体现了产品全生命周期管理理念，针对动力电池设计、生产、销售、使用、维修、报废、回收、利用等产业链上下游环节，明确相关企业履行动力电池回收利用责任，保障动力电池的有效利用和环保处置，构建闭环管理体系。《暂行办法》明确了监督管理措施，明确要求制定拆卸、包装运输等相关技术标准，构建标准体系，并建立梯次利用动力电池产品管理制度。同时，各有关管理部门要建立信息共享机制，形成合力，在各自职责范围内，通过责令企业限期整改、暂停企业强制性认证证书、公开企业履责信息、行业规范条件申报及公告管理等措施对企业实施监督管理。

2018年，工信部制定了《新能源汽车动力蓄电池回收利用溯源管理暂行规定》，指出国家将建立"电池回收利用溯源管理平台"，对动力电池生产、销售、使用、报废、回收、利用等全过程进行信息采集，对各环节主体履行回收利用责任情况实施监测。

同年7月，工信部等七部门联合下发《关于做好新能源汽车动力蓄电池回收利用试点工作的通知》，确定京津冀地区、山西省、上海市、江苏省、浙江省、安徽省、江西省、河南省、湖北省、湖南省、广东省、广西壮族自治区、四川省、甘肃省、青海省、宁波市、厦门市等17个地市及中国铁塔股份有限公司为动力电池回收利用试点地区和企业，并督促其他非试点地区结合本地实际情况，尽快研究提出本地具体实施方案。

2019年11月，工信部发布《新能源汽车动力蓄电池回收服务网点建设和运营指南》，要求新能源汽车生产和梯次利用企业需要自建或授权回收服务网点。加强对废旧动力电池的跟踪，且回收服务网点不得擅自对其进行拆卸。设置明显提示信息和作业流程规范示意图等指导信息。回收服务网点须将电池类型、来源、数量等相关信息保留记录三年备查。

同年 12 月，工信部发布《新能源汽车废旧动力蓄电池综合利用行业规范条件（2019 年本）》（以下简称《规范条件》）及《新能源汽车废旧动力蓄电池综合利用行业规范公告管理暂行办法（2019 年本）》（以下简称《公告管理暂行办法》）。《规范条件》明确定义新能源汽车废旧动力电池梯次利用和再生利用过程，细化和区分相关企业从事梯次利用和再生利用应满足的不同要求，并充分与已发布的新能源汽车动力电池回收利用管理政策衔接，强化企业在溯源管理及回收体系建设等方面的能力。《公告管理暂行办法》明确对符合《规范条件》的企业实施动态目录管理，对新建企业和已公告企业均提出要求，并强化事中事后监管。《规范条件》和《公告管理暂行办法》的发布，进一步加强了动力电池综合利用行业管理力度，对提高动力电池综合利用水平，促进行业技术进步和规范发展具有重要意义。

2020 年 10 月，工信部发布了《新能源汽车动力蓄电池梯次利用管理办法（征求意见稿）》，对梯次利用企业提出溯源管理、提高梯次产品可靠性及梯次产品回收相关要求。

各时期动力电池回收利用政策汇总，见表 7-6。

表 7-6 各时期动力电池回收利用政策

政 策 名 称	发布时间	主 要 内 容
《汽车产品回收利用技术政策》	2006 年	规定了国产和进口车辆的可回收利用率要求，以及材料的再利用率要求
《关于进一步做好节能与新能源汽车示范推广试点工作的通知》	2011 年	整车或电池租赁企业要建立动力电池回收处理体系，落实动力电池回收责任，制定相关的回收服务承诺，建立相应的处理能力
《节能与新源汽车产业发展规划（2012—2020 年）》	2012 年	建立动力电池梯级利用和回收管理体系，明确各相关方的责任、权利和义务，引导企业加强对废旧动力电池的回收利用

(续)

政策名称	发布时间	主要内容
《关于加快新能源汽车推广应用的指导意见》	2014年	研究制定动力电池回收利用政策，探索利用基金、押金、强制回收等方式促进废旧动力电池回收，建立健全废旧动力电池循环利用体系
《汽车动力蓄电池行业规范条件》	2015年	对动力电池生产企业提出生产条件、技术能力、产品要求、售后要求等
《关于2016—2020年新能源汽车推广应用财政支持政策的通知》	2015年	提出汽车生产企业及动力电池生产企业应承担动力电池回收利用的主体责任
《电动汽车动力蓄电池回收利用技术政策（2015年版）》	2016年	明确生产者责任延伸制度及相关责任主体
《新能源汽车废旧动力蓄电池综合利用行业规范条件》	2016年	对动力电池综合利用企业提出规模、装备、工艺等要求
《废电池污染防治技术政策》	2016年	明确各类电池的制造商、进口商以及相关商家承担废旧电池回收责任
《生产者责任延伸制度推行方案》	2017年	电动汽车及动力电池生产企业应负责建立废旧动力电池回收网络。动力电池生产企业应实行产品编码，建立全生命周期追溯系统
《新能源汽车生产企业及产品准入管理规定》	2017年	实施新能源汽车动力电池溯源信息管理，跟踪记录动力电池回收利用情况
《新能源汽车动力蓄电池回收利用管理暂行办法》	2018年	动力电池回收利用管理范围、相关方责任与要求、监督措施等
《新能源汽车动力蓄电池回收利用试点实施方案》	2018年	探索技术经济性强、资源环境友好的多元化废旧动力电池回收利用模式，推动回收利用体系建设
《新能源汽车动力蓄电池回收利用溯源管理暂行规定》	2018年	建立"新能源汽车国家监测与动力蓄电池回收利用溯源综合管理平台"，国产和进口新能源汽车产品均实施溯源管理，对梯次利用动力电池产品亦实施溯源管理
《新能源汽车动力蓄电池回收服务网点建设和运营指南》	2019年	指南提出了新能源汽车废旧动力电池回收服务网点建设、作业及安全环保要求
《新能源汽车废旧动力蓄电池综合利用行业规范条件（2019年本）》	2019年	对资源回收效率提出了要求，镍、钴、锰的综合回收率不低于98%，稀土等其他主要有价金属综合回收率不低于97%，锂的元素回收率不低于85%

(续)

政策名称	发布时间	主要内容
《新能源汽车废旧动力蓄电池综合利用行业规范公告管理暂行办法（2019年本）》	2019年	对申请符合《规范条件》公告的新能源汽车废旧动力电池综合利用企业做出具体条件要求。修订后对同一企业法人拥有多个位于不同地址的厂区或生产车间的，每个厂区或生产车间不作单独申请要求
《新能源汽车动力蓄电池梯次利用管理办法（征求意见稿）》	2020年	对梯次利用企业提出溯源管理、提高梯次产品可靠性及梯次产品回收相关要求

7.3.2 动力电池回收利用相关标准

废旧动力电池的收集可参照《废蓄电池回收管理规范》（WB/T 1061—2016）等标准要求，按材料类别和危险程度，对废旧动力电池进行分类收集和标识，应使用安全可靠的器具包装，以防有害物质渗漏和扩散。

废旧动力电池的储存可参照《废电池污染防治技术政策》（环境保护部公告2016年第82号）、《一般工业固体废物贮存、处置场污染控制标准》（GB 18599—2001）（GB18599—2020自2021年7月1日起实施）等国家相关法规、政策及标准要求执行。

动力电池及废旧动力电池包装运输应尽量保证结构完整，属于危险货物的，应遵守国家有关危险货物运输规定进行包装运输。可参照《废电池污染防治技术政策》（环境保护部公告2016年第82号）、《废蓄电池回收管理规范》（WB/T 1061—2016）等国家相关法规、政策及标准要求执行。

2017年12月1日，《车用动力电池回收利用 拆解规范》（GB/T 33598—2017）（以下简称《拆解规范》）正式实施。《拆解规范》作为国内首个关于动力电池回收利用的国家标准，明确指出回收拆解企业应具有相关资质，进一步保证了动力电池安全、环保、高效的回收利用。《拆解规范》对废旧动力电池回收利用的安全性、作业程序、存储和管理等进行了严格要求，在一定程度上规范了我国车用动力电池的回收利用及拆解、专业性技术及动力电池回收体系，有望解决行业性发展难题。

2017年7月12日，国家质检总局、国家标准化委员会批准发布国内首个关于回收利用检测动力电池的国家标准《车用动力电池回收利用 余能检测》

（GB/T 34015—2017）（以下简称《余能检测》），2018年2月1日开始实施。《余能检测》规定了车用废旧动力电池余能检测的术语和定义、符号、检测要求、检测流程及检测方法，适用于车用废旧锂离子动力电池和金属氢化物镍动力电池单体、模块的余能检测。《余能检测》的发布与实施将解决回收利用中检测、安全性等行业性发展难题，有助于规范我国车用动力电池的回收利用，为推动梯次利用提供标准，对推进行业的规范化及完善动力电池回收体系具有积极意义。

《电动汽车用动力蓄电池产品规格尺寸》（GB/T 34013—2017）和《汽车动力蓄电池编码规则》（GB/T 34014—2017）两个标准规定了电动汽车用动力电池单体、模块和标准箱尺寸规格，以及汽车用动力电池编码标准的基本原则，为动力电池回收利用管理，尤其是溯源管理的实施奠定了基础。

2020年，《电动汽车用动力蓄电池安全要求》（GB 38031—2020）修订发布，规定了电动汽车用动力电池单体、电池包或系统的安全要求和试验方法。2020年3月，《车用动力电池回收利用 管理规范 第1部分：包装运输》（GB/T 38698.1—2020），《车用动力电池回收利用 梯次利用 第2部分：拆卸要求》（GB/T 34015.2—2020）和《车用动力电池回收利用 再生利用 第2部分：材料回收要求》（GB/T 33598.2—2020）发布，同年10月1日正式实施。这三个标准分别规定了车用退役动力电池回收利用的包装运输、回收服务网点建设、装卸搬运以及存储等，车用退役动力电池回收梯次利用的余能检测、拆卸要求、梯次利用要求、梯次利用产品标识、可梯次利用设计指南以及剩余寿命评估规范等，车用动力电池材料回收的术语和定义、总体要求和污染控制及管理要求。

此外，截至2020年12月，《车用动力电池回收利用 梯次利用 第3部分：梯次利用要求》已进入报批阶段，《车用动力电池回收利用 梯次利用 第4部分：梯次利用产品标识》已经进入公开征求意见阶段，《车用动力电池回收利用再生利用 第3部分：放电技术规范》已完成意见征求。《车用动力电池回收利用 通用要求 第1部分：术语和定义》《车用动力电池回收利用 通用要求 第2部分：综合利用信息手册》《车用动力电池回收利用 梯次利用 第5部分：可梯次利用设计指南》《车用动力电池回收利用 再生利用 第4部分：回收处理报告编制规范》《车用动力电池回收利用 管理规范 第2部分：回收服务网点》等五项标准已进入立项阶段。

动力电池回收利用国家标准，见表 7-7。

表 7-7　动力电池回收利用国家标准列表

标准编号	标准名称	主要内容
GB/T 33598—2017	车用动力电池回收利用拆解规范	对废旧动力电池回收利用的安全性、作业程序、存储和管理等方面进行了严格要求
GB/T 34014—2017	汽车动力蓄电池编码规则	汽车用动力电池编码标准的基本原则
GB/T 34015—2017	车用动力电池回收利用余能检测	规定了车用废旧动力电池余能检测的术语和定义、符号、检测要求、检测流程及检测方法
GB/T 34013—2017	电动汽车用动力蓄电池产品规格尺寸	规定了电动汽车用动力电池单体、电池包或系统的安全要求和试验方法
GB/T 38698.1—2020	车用动力电池回收利用管理规范　第 1 部分：包装运输	车用退役动力电池回收利用的包装运输、回收服务网点建设、装卸搬运及存储等
GB/T 34015.2—2020	车用动力电池回收利用　梯次利用　第 2 部分：拆卸要求	车用退役动力电池回收梯次利用的余能检测、拆卸要求、梯次利用要求、梯次利用产品标识、可梯次利用设计指南以及剩余寿命评估规范等
GB/T 33598.2—2020	车用动力电池回收利用再生利用　第 2 部分：材料回收要求	车用动力电池材料回收的术语和定义、总体要求和污染控制及管理要求

7.4　电动汽车分时租赁动力电池回收利用前景

分时租赁电动汽车在动力电池回收方面面临着与其他运用形式电动汽车一样的问题。其优势在于，分时租赁车辆采用统一运营管理、统一保养修理、统一充换电方式，具备健全动力电池追溯体系和全生命周期监控平台，能降低退役动力电池回收、检测、评估等过程的成本支出，动力电池梯次利用的经济效益更显著。

李震彪[77]等对我国新能源汽车动力电池退役量进行了预测，2020 年，我国新能源汽车动力电池退役量达到 11.25GW·h/年，2025 年将达 46.78GW·h/年。五矿研究院预测，2025 年锂离子动力电池年退役量将达 93GW·h/年。

根据国家信息中心预测，2025 年，电动汽车分时租赁的车辆保有量将超过 108 万辆，按每辆动力电池容量 20kW·h 计算，将产生 2160 万 kW·h 退役动力电池，如果能对这些动力电池进行合理的回收利用，则会有效促进资源节约和环境保护。

第8章 案例分析

8.1 运营商基本情况

某汽车分时租赁公司自 2015 年开始运营分时租赁业务,是国内最早开展分时租赁业务的运营商之一。该公司拥有分时租赁车辆超过 400 辆,涉及车型较多,包括东风风神 E30L、奇瑞 eQ、奇瑞 eQ1、江淮 iEV5、江淮 iEV6S、北汽 EC180、长安逸动 EV 和荣威 ERX5。其中,奇瑞 eQ1 的数量占车辆总数的 46%,东风风神 E30L 占 16%,江淮 iEV5 占 11%,长安逸动占 8%,奇瑞 eQ 和北汽 EC180 均占 7%,荣威 ERX5 占 4%,江淮 iEV6S 占 1%。大部分车型具有小型化、经济性特征。车型构成比例如图 8-1 所示。

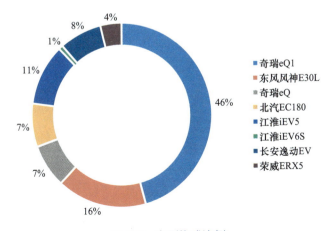

图 8-1 车型构成比例

多数车型采用三元锂动力电池，少数采用磷酸铁锂动力电池，动力电池容量为 18~48kW·h，平均容量为 29kW·h，如图 8-2 所示。其中，动力电池容量在 20kW·h 以下的车型有 3 个，占比 37.5%，包括奇瑞 eQ1、东风风神 E30L、北汽 EC180；动力电池容量在 30kW·h 以下的车型有 5 个，占比 62.5%，除 20kW·h 以下车型外，还包括奇瑞 eQ 和长安逸动 EV；动力电池容量在 30kW·h 以上的车型有 3 个，占比 37.5%，包括江淮 iEV5、江淮 iEV6S 和荣威 ERX5。

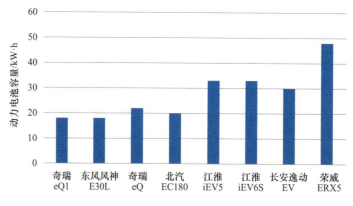

图 8-2　不同车型的动力电池容量

如图 8-3 所示，上述车型动力电池质量为 170~357kg，平均质量为 258kg。动力电池质量占整车质量比例为 17.6%~22.9%，平均占比约为 20%。

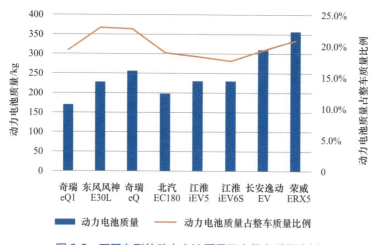

图 8-3　不同车型的动力电池质量及占整车质量比例

1. 车辆座位数

多数车型座位数为 5 个,包括奇瑞 eQ、北汽 EC180、江淮 iEV5、江淮 iEV6S、长安逸动 EV 和荣威 ERX5。少数车型座位数为 2 个或 4 个,包括奇瑞 eQ1 和东风风神 E30L,见表 8-1。

表 8-1 车型座位数

车 型 名 称	座位数 / 个
奇瑞 eQ1	2
东风风神 E30L	4
奇瑞 eQ	5
北汽 EC180	5
江淮 iEV5	5
江淮 iEV6S	5
长安逸动 EV	5
荣威 ERX5	5

2. 车辆轴距

根据德国大众公司等级划分原则,该公司所有分时租赁车型均为 A 级或以下。其中,奇瑞 eQ1 和东风风神 E30L 轴距为 2~2.3m,属于 A00 级;奇瑞 eQ、北汽 EC180、江淮 iEV5 和江淮 iEV6S 轴距为 2.3~2.5m,属于 A0 级;长安逸动 EV 和荣威 ERX5 的轴距为 2.5~2.7m,属于 A 级,如图 8-4 所示。

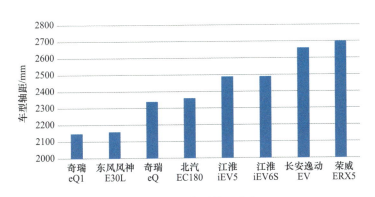

图 8-4 不同车型轴距分布

3. 车辆整备质量

如图 8-5 所示，各车型整备质量为 880~1710kg，平均为 1242kg。其中，奇瑞 eQ1 整备质量最小，为 880kg，东风风神 E30L 整备质量为 995kg。其他车型整备质量均高于 1000kg。在所有车型中，长安逸动 EV 和荣威 ERX5 的整备质量偏高，分别为 1610kg 和 1710kg。奇瑞 eQ、北汽 EC180、江淮 iEV5 和江淮 iEV6S 的整备质量分别为 1128kg、1050kg、1260kg 和 1310kg。

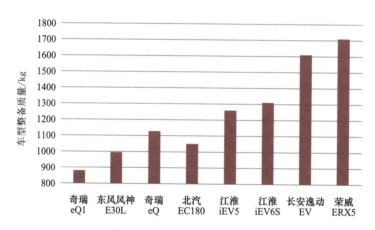

图 8-5 不同车型整备质量分布

4. 能量消耗率

如图 8-6 所示，各车型能量消耗率为 8.8~13.5kW·h/100km·t，平均为 11.1kW·h/100km·t。根据《免征车辆购置税的新能源汽车车型目录》，奇瑞 eQ1 的能量消耗率最大，为 13.5 kW·h/100km·t，其次是奇瑞 eQ，能量消耗率为 12.9 kW·h/100km·t。北汽 EC180 和东风风神 E30L 的能量消耗率相近，分别为 12.2 kW·h/100km·t 和 11.9 kW·h/100km·t。江淮 iEV5 和 iEV6S 的能量消耗率相近，分别为 10.4 kW·h/100km·t 和 10.0 kW·h/100km·t。长安逸动 EV 和荣威 ERX5 的整备质量和车身尺寸较大，但能量消耗率较低，分别为 9.3 kW·h/100km·t 和 8.8 kW·h/100km·t。

5. 续驶里程

如图 8-7 所示，各车型续驶里程为 151~320km，平均为 204km，超半数车型的续驶里程在 200km 以下。奇瑞 eQ1、东风风神 E30L、奇瑞 eQ 和北汽 EC180 的续驶里程相近，分别为 151km、152km、151km 和 156km。长安逸

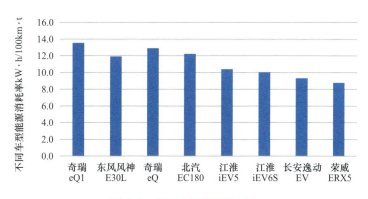

图 8-6 不同车型能量消耗率

动 EV 的续驶里程为 200km。江淮 iEV5 和 iEV6S 的续驶里程分别为 252km 和 251km。荣威 ERX5 的续驶里程最长，为 320km。

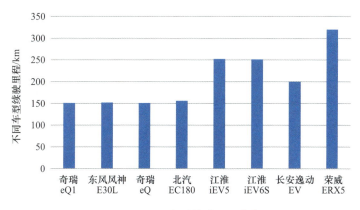

图 8-7 不同车型续驶里程分布

通过与充电服务运营商合作，该公司探索了购车自建桩、购车委托建桩、租车自建桩和租车委托建桩四种典型商业模式，运营数据全面，具有较强的可评估性，以下将对其商业模式和能源环境效益进行评估。

8.2 商业模式经济性评估结果与展望

8.2.1 现状评估

1. 总体盈利情况

将某汽车分时租赁公司运营数据代入 5.2 节中构建的运营商经济性评估模

型，可得该公司在 2016—2018 年的分时租赁车辆运营成本和收益情况，如图 8-8 所示。为便于计算，车辆购买价格统一按 5.8 万元/车计算，车辆租赁价格按 1.5 万元/年计算，运维人员的人力成本按 5 万元/人/年计算。

图 8-8　成本和收益情况

从图 8-8 中可见，该公司在 3 年运营期内未盈利，年亏损额分别为 1255 万元、1107 万元和 838 万元。

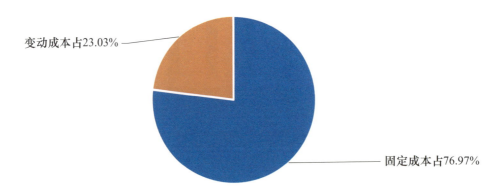

图 8-9　3 年累积固定成本和变动成本占比

如图 8-9 所示，对比了该公司的固定成本和变动成本，发现固定成本约占总成本的 77%，变动成本约占总成本的 23%。固定成本包括车辆、充电桩建设、车位租赁、网点建设、系统平台等成本，主要为一次性投入成本。固定成本占比较高说明该公司前期的一次性投入成本较高，对资金的占用较大。

可见，目前该公司仍处于前期投入阶段，尚未盈利。但随着时间推移，会员数的增多和用户接受度的提高，会使分时租赁车辆的使用强度有较大提高，收益情况也会相应改善。

2. 成本构成分析

如图 8-10 所示，分析了该公司运营 3 年和 8 年的累积成本。在 3 年累积成本构成中，车辆成本占总成本比例最大，为 44%，其次是运营成本，占 34%，充电成本和维保成本占比相对较小。

对比 3 年和 8 年累积成本构成，车辆成本、充电网络成本和维保体系成本的占比增加，运营服务成本占比下降。车辆成本占比增加的原因是车辆达到一定使用年限后需更新。充电网络成本增加的原因是车辆使用强度增加使充电量增加。维保体系成本增加的原因是随着车辆使用时间增加，车况不断下降。运营服务成本下降的原因是运营服务中的系统平台、网点建设属前期一次性投入，后期仅有维护成本。

由此可见，无论从短期还是长期看，车辆成本始终是分时租赁的最大成本。

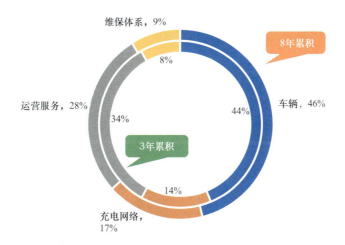

图 8-10　年累积固定成本和变动成本占比

3. 分时租赁子模块成本评估

1）车辆成本。车辆获得模式可分为购置和租赁两种，通过对比两种模式的逐年成本，判别其特点。某车型购置成本为 5.8 万元，租赁成本为 1.5 万元/年，对比结果如图 8-11 所示。

购车模式一次性支出购车费用，租车模式每年支付租车费用，购车模式前期资金占用较大，购车和租车模式的成本在第 4 年平衡。对于资金不充裕的运营商，可选择租赁模式获得车辆。

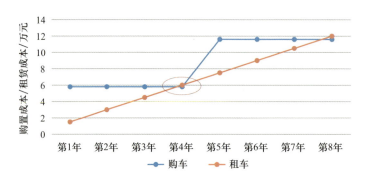

图 8-11　购车和租车模式的累积车辆成本对比

运营商会选择不同级别车型作为运营车辆，当前主要为 A00、A0 和 A 级车。图 8-12 分析了购置不同级别车型对运营商的成本影响。可见，选择 A0 级和 A 级车，3 年累积成本分别比 A00 级车高 24% 和 47%。由于分时租赁处于发展阶段，吸引消费者主要靠低价优势，低成本的 A00 级车租赁价格低，更易受消费者欢迎。

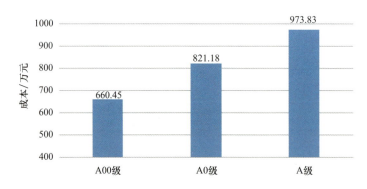

图 8-12　购置不同车型下的 3 年累积成本对比

选取在分时租赁运营中应用较多的车型，对比各车型 2016—2018 年的终端售价，分析购置补贴和技术进步等因素对运营商购买车辆成本的影响。

从图 8-13 中可见，除长安奔奔 2018 年的终端售价高于往年售价外，其他车型终端售价基本无变化。长安奔奔 2018 年售价较高，主要源于性能和配置提高。尽管车辆购置补贴逐年下降,但在技术进步和产量提高的综合作用下,车辆价格同比变化不大。

图 8-13 电动汽车补贴后,终端售价变化

2)充电网络成本。充电网络建设分为运营商自建充电桩和委托充电设施运营商建设充电桩两种模式,通过对比两种模式的累积充电成本,可判别其特点,如图 8-14 所示。针对充电桩成本和收益,第 1 年至第 3 年均使用运营商实际数据,第 4 年至第 8 年的收益参考了 car2go 的运营数据,即在分时租赁运营商运营稳定期,车辆的日均租赁时长达 4h。

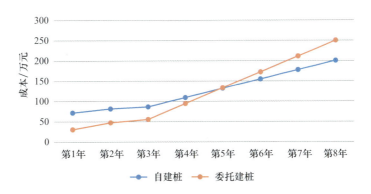

图 8-14 自建桩和委托建桩模式的累积充电成本

自建桩模式一次性支出建桩费用,缴纳基本充电费。委托建桩模式支出基本充电费和充电服务费。自建桩模式前期资金占用较大。自建桩和委托建桩模式的成本在第 5 年平衡,之后因车辆使用强度增加,委托建桩模式的充电成本

高于自建桩模式。

充电桩分为快充桩和慢充桩。快充桩一般充电功率大，价格相对较高，慢充桩一般充电功率较低，价格相对便宜。快、慢充桩建设数量和配比对运营商的充电成本会产生影响，通过对比快、慢充桩的建设和维护累积成本，得到合理的快、慢充桩数量配比，如图 8-15 所示。可见，快、慢充桩的累积成本比值逐年降低，范围为 3~5 倍。

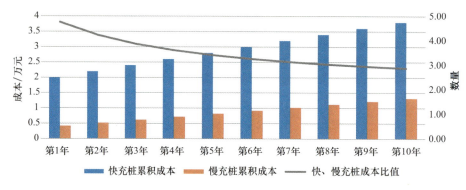

图 8-15　快充桩和慢充桩的累积成本对比

对于委托充电设施运营商建桩模式，成本方面，充电设施运营商建设充电桩并负责充电桩的维护。收益方面，充电设施运营商收取充电服务费，通过对充电设施运营商的成本收益分析，得出委托建桩模式的经济可行性。建桩成本和前 3 年运营数据源于某分时租赁公司实际数据，第 4 年到第 8 年数据参考 car2go 的运营数据，分析结果如图 8-16 所示。

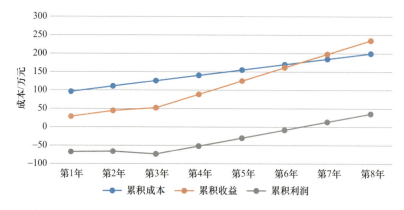

图 8-16　委托建桩模式下充电设施运营商累积成本、收益和利润

通过计算可得，委托建桩模式下，充电设施运营商的投资回收期为 6.38 年。由于前 3 年车辆使用强度低，充电量小，委托建桩模式下充电设施运营商收益较低。但随着车辆使用强度的增加，充电量也会增加，充电设施运营商的收益将快速增加。

3）运营服务成本。分时租赁运营服务成本包括分时租赁系统平台建设和维护成本、车位租赁成本、网点建设成本及人工管理成本。通过对比分时租赁运营不同年限的累积成本，可看出运营服务成本的短期和长期构成及变化趋势。

如图 8-17 所示，对比 3 年和 8 年累积运营服务成本构成，8 年累积的人工成本增加。尽管随着车辆规模的增加和调度系统的升级，单人服务的车辆数量会增加，即人车比会减小，但人均工资也会持续上涨，导致人工及管理成本占比升高。

系统平台和网点建设均属前期一次性投入成本，后期仅有维护成本，累计成本占比呈下降趋势。

车位在城市中属于稀缺资源，车位租赁价格呈上涨趋势，导致车位租赁成本占比增加。车位租赁成本目前占运营服务成本的 26%，占比并不大，主要源于分时租赁运营商最大限度地争取到了政府支持，与车位提供商开展合作，获得了较多的免费和优惠车位。

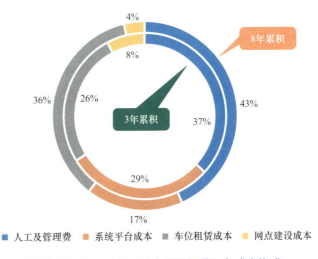

图 8-17　运营 3 年和 8 年累积运营服务成本构成

4）维保体系成本。分时租赁维保体系成本包括车辆保险成本、车辆修理费和车辆保养费。某运营商分时租赁运营3年的维保体系成本构成如图8-18所示。

可见，保险成本是维保体系的主要成本，因为电动汽车保险费用按补贴前价格计算，相对同级别传统燃油汽车高40%左右，如图8-19所示。

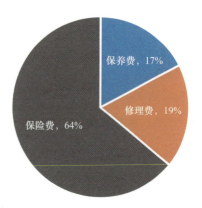

图8-18 某运营商分时租赁运营3年维保体系累积成本构成

车辆修理和保养费用方面，对比了某运营商3年平均单车修理和保养费用，发现车辆修理和保养费用随车辆使用年限增加而增加，如图8-20所示。车辆产生修理和保养费用的原因主要是用户使用不当造成的剐蹭和碰撞。

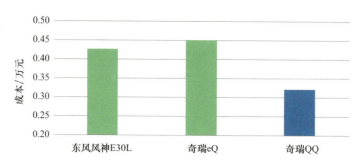

图8-19 电动汽车和传统燃油汽车保险费用对比

图8-20 单车历年平均修理费用和保养费用

4. 不同商业模式成本对比

某运营商对购车自建桩、购车委托建桩、租车自建桩和租车委托建桩四种商业模式均进行了探索。由于四种模式下的收益模式相同,重点对各模式的成本进行分析。分时租赁前期投资成本高,对四种模式的固定成本进行了对比分析,如图 8-21 所示。

从图 8-21 中可见,购车模式前期一次性投入成本高,租车模式前期一次性投入成本低,但后续投入成本高,结论与 4.3 节的分析一致。

图 8-21 四种模式历年固定成本

总成本方面,在项目运营的第 4 年,四种模式的总成本趋近,如图 8-22 所示。

图 8-22 四种模式累积成本对比

8.2.2 关键影响因素识别

分时租赁的成本和收益影响因素很多,各影响因素对运营商的累积利润影响存在较大差异,同一影响因素对不同商业模式的累积利润影响也不相同。通过对比不同影响因素对各商业模式的累积利润影响，可得影响不同商业模式的关键因素及共性影响因素。此外，通过对比项目运营 3 年和 8 年的影响因素对累积利润的影响，可获取不同运营周期下对累积利润影响较大的因素。

各影响因素变化 10% 对运营商运营 3 年累积利润的影响，如图 8-23 所示。

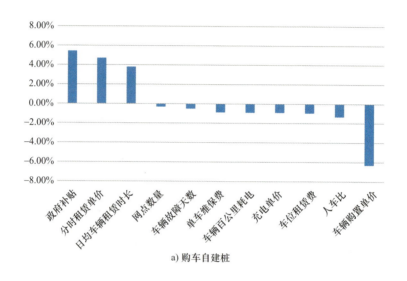

a) 购车自建桩

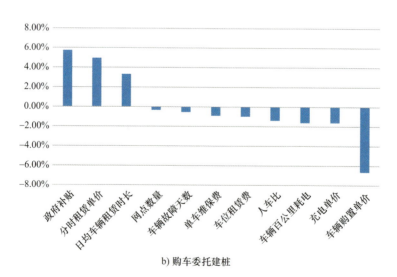

b) 购车委托建桩

图 8-23　各影响因素变化 10% 对四种模式运营 3 年累积利润的影响

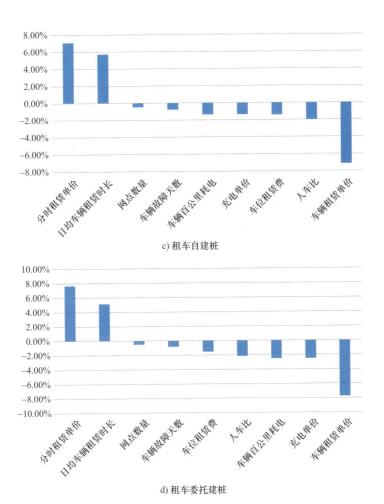

图 8-23 各影响因素变化 10% 对四种模式运营 3 年累积利润的影响（续）

可见，影响最大的因素是车辆获得单价。购车模式的车辆获得单价即车辆购置单价，租车模式的车辆获得单价即车辆租赁单价。购车模式下，对 3 年累积利润的第二大影响因素为政府购车补贴。影响四种模式 3 年累积利润的另外两大因素分别为分时租赁单价和单车日均租赁时长，两者主要影响运营商的收益。四种模式的关键和重要影响因素见表 8-2。

表 8-2 运营 3 年各模式关键和重要影响因素

共性关键因素	特殊关键因素	共性影响较大因素
车辆购置单价、分时租赁单价、单车日均租赁时长	购车补贴（购车模式）	人车比、车位租赁单价、充电单价、车辆百公里耗电水平

从图 8-23 中可见，车位租赁费对 3 年累积利润影响不大，因为运营商资源能力较强，能获得大量低成本车位。车位资源属分时租赁关键资源，且不同城市的车位租赁费用不同，车位资源紧张的城市车位租赁成本相对高，车位成本对总成本的影响也相对大。

各因素变化 10% 对运营商运营 8 年的累积利润影响，如图 8-24 所示。

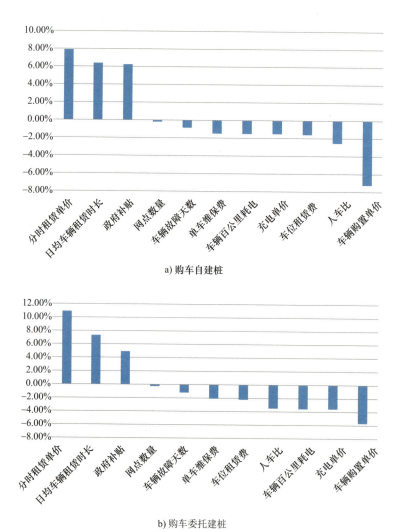

图 8-24　各因素变化 10% 对四种模式运营 8 年累积利润的影响

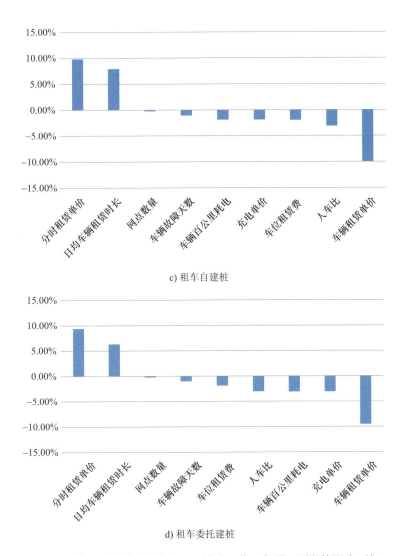

图 8-24　各因素变化 10% 对四种模式运营 8 年累积利润的影响（续）

对比运营 3 年和 8 年的影响因素，可见关键和影响较大因素相同，但分时租赁单价和单车日均租赁时长对累积利润的影响变大，车辆单价和人车比对累积利润的影响变小。将关键和重要影响因素归类，见表 8-3，可知与车辆和运营相关的影响因素最多。

表 8-3　关键和重要影响因素归类

项　　目	因　　素
车辆相关因素	车辆购置单价、车辆租赁单价、车辆能量消耗率
充电相关因素	充电单价
车位相关因素	车位租赁费
运营相关因素	分时租赁单价、单车日均租赁时长、人车比
政府政策	购车补贴

8.2.3　分析与展望

1. 盈利预期

当前，该分时租赁公司未能盈利，以现有成本情况为基础，分时租赁单价为 20 元 /h，若要 4 年内达到盈亏平衡，按平均每单 0.5h 计算，则单车日均订单量需达到 12 个。参考国外效益较好的 car2go 和国内其他分时租赁公司运营情况，单车日均订单量达到 12 个的困难较大，因此若要达到盈亏平衡，还需开拓广告等其他收入来源。

若从提高分时租赁单价以提高公司收益方面考虑，以该公司现有成本情况为基础，参考国内使用同级别车型的公司的租赁单价最高为 30 元 /h，每单 0.5h，若要在 4 年内达到盈亏平衡，则日均租赁订单量需达到 8 个以上。car2go 稳定运营期的单车日均订单量为 8~10 个。对于这一订单量目标，在采取一定营销措施后，该公司是有可能达到的。

针对 30 元 /h 的租赁单价能否被消费者接受的问题，主要通过对比消费者使用分时租赁和出租车的成本来分析，如图 8-25 所示。

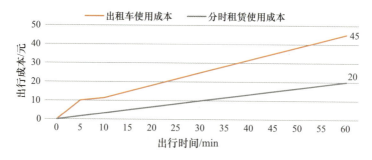

图 8-25　分时租赁与出租车出行成本对比

从图 8-25 中可见，在该公司所在地使用出租车 1h 的出行成本为 45 元，因此 30 元 /h 的分时租赁单价是能被消费者接受的。

2. 关键影响因素盈亏平衡点展望

1）车辆购置单价。其他因素取值不变，对比采用不同车辆购置单价的运营商的 4 年累积利润，得到购车自建桩和购车委托建桩模式下的购车单价盈亏平衡点。目前，某运营商所在城市分时租赁仍处于发展初期，订单量未达稳定运营值，20 元 /h 的单价偏低。采用主要运营商车辆的使用年限为 4 年的设定，以 car2go 运营稳定期的订单量 8 个 / 天，国内最大分时租赁运营商 EVCARD 的租赁单价 30 元 /h 为基础，按该运营商当前成本构成，计算车辆购置单价对累积利润的影响，如图 8-26 所示。

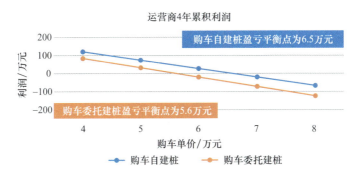

图 8-26 车辆购置单价对运营商 4 年累积利润的影响

从图 8-26 中可见，在上述稳定运营期的条件设定下，如果运营商在 4 年内达到盈亏平衡，则购车自建桩模式的车辆购置单价盈亏平衡点为 6.5 万元，购车委托建桩模式为 5.6 万元。

购车自建桩的盈亏平衡点高于委托建桩，主要源于订单量较高的情况下，车辆充电量较大，委托建桩模式下的充电网络成本高于自建桩模式。不同订单量下的充电网络成本如图 8-27 所示。

2）车辆租赁单价。其他因素取值不变，对比不同车辆租赁单价的运营商 4 年累积利润，得到两种租赁模式下的车辆租赁单价盈亏平衡点。设定车辆使用年限为 4 年，以 car2go 运营稳定期的订单量 8 个 / 天，国内最大分时租赁运营商 EVCARD 的租赁单价 30 元 /h 为基础，按某分时租赁运营商当前成本构成，计算车辆租赁单价对累积利润的影响，如图 8-28 所示。

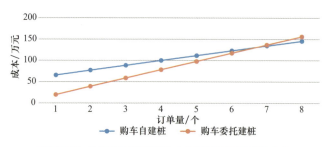

图 8-27 不同订单量下的 4 年累积充电网络成本

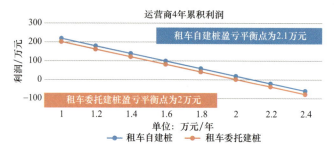

图 8-28 车辆租赁单价对运营商 4 年累积利润的影响

可见，租车自建桩的车辆租赁单价盈亏平衡点为 2.1 万元/年，租车委托建桩模式的车辆租赁单价盈亏平衡点为 2 万元/年，相差并不大。这说明在车辆租赁模式下，无论自建桩还是委托建桩，年租金维持在 2 万元即可在 4 年左右实现盈亏平衡。

3）分时租赁单价。其他因素取值不变，对比不同分时租赁单价下的运营商 4 年累积利润，得到不同模式的分时租赁定价盈亏平衡点。按分时租赁运营商当前成本构成，计算分时租赁单价对 4 年累积利润的影响，如图 8-29 所示。

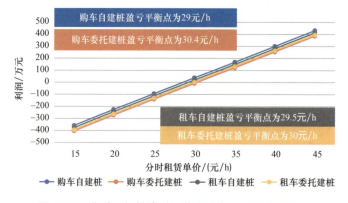

图 8-29 分时租赁单价对运营商 4 年累积利润的影响

可见，四种商业模式的分时租赁单价盈亏平衡点接近。

4）单车日均租赁时长。其他因素取值不变，对比不同单车日均租赁时长下的运营商4年累积利润，得到不同模式下单车日均租赁时长盈亏平衡点。按分时租赁运营商当前成本构成，计算单车日均租赁时长对4年累积利润的影响，如图8-30所示。

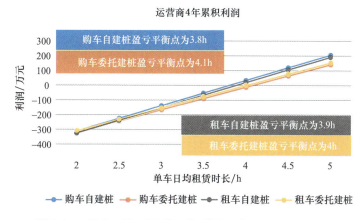

图8-30　单车日均租赁时长对运营商4年累积利润的影响

可见，四种商业模式下单车日均租赁时长盈亏平衡点接近，主要源于四种商业模式下运营商的4年累积成本接近。

5）充电单价。其他因素取值不变，对比不同充电单价下运营商的4年累积利润，得到四种不同模式的充电单价盈亏平衡点。设定车辆使用年限为4年，以car2go运营稳定期的订单量8个/天，国内最大分时租赁运营商EVCARD的租赁单价30元/h为基础，按案例中某分时租赁运营商当前成本构成，计算充电单价对累积利润的影响，如图8-31所示。

稳定运营期，自建桩模式下运营商充电支出只有基本电价，委托建桩模式下的充电支出价格包括基本电价和充电服务费。自建桩模式的充电单价盈亏平衡点低于委托建桩模式，委托建桩模式下的充电价格应低于1.58元/(kW·h)。

6）车辆能量消耗率。其他因素取值不变，对比不同车辆能量消耗率（主要指百公里耗电量）下的运营商4年累积利润，得到不同模式的车辆百公里耗电量盈亏平衡点。设定车辆使用年限为4年，以car2go运营稳定期的订单量

8个/天,国内最大分时租赁运营商 EVCARD 的租赁单价 30 元/h 为基础,按案例中分时租赁运营商实际成本构成,计算车辆百公里耗电量对 4 年累积利润的影响,如图 8-32 所示。

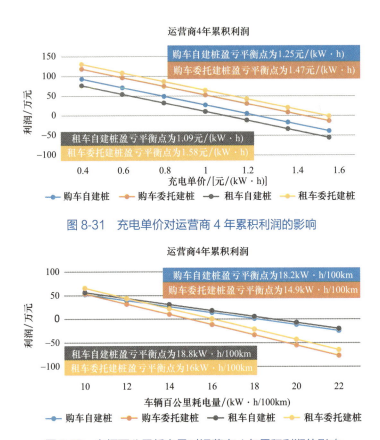

图 8-31 充电单价对运营商 4 年累积利润的影响

图 8-32 车辆百公里耗电量对运营商 4 年累积利润的影响

自建桩模式的车辆百公里耗电量盈亏平衡点高于委托建桩模式,委托建桩模式对车辆百公里耗电量的要求高于自建桩模式。自建桩应选择百公里耗电量低于 18.8kW·h 的车辆,委托建桩应选择百公里耗电量低于 16kW·h 的车辆。

7)人车比。其他因素取值不变,对比不同人车比下运营商的 4 年累积利润,得到不同模式下的人车比盈亏平衡点。设定车辆使用年限为 4 年,以 car2go 运营稳定期的订单量 8 个/天,国内最大分时租赁运营商 EVCARD 的租赁单价 30 元/h 为基础,按案例中分时租赁运营商当前成本构成,计算人车比对 4 年累积利润的影响，如图 8-33 所示。

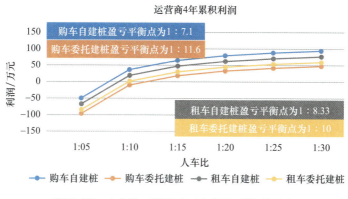

图 8-33　人车比对运营商 4 年累积利润的影响

购车自建桩模式因车辆、充电桩均需人员进行调度、维护，消耗人力较其他模式多，人车比盈亏平衡点高于其他模式。

8）车位租赁单价。其他因素取值不变，对比不同车位租赁单价下的运营商 4 年累积利润，得到不同模式下车位租赁单价盈亏平衡点。设定车辆使用年限为 4 年，以 car2go 运营稳定期的订单量 8 个 / 天，国内最大分时租赁运营商 EVCARD 的租赁单价 30 元 /h 为基础，按某分时租赁运营商当前成本构成，计算车位租赁单价对 4 年累积利润的影响，如图 8-34 所示。

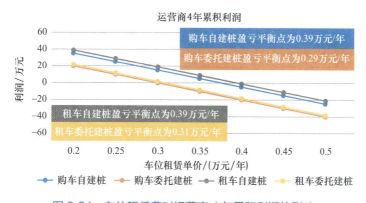

图 8-34　车位租赁费对运营商 4 年累积利润的影响

四种商业模式下，车位租赁单价盈亏平衡点为 0.29 万 ~0.39 万元 / 年，运营商应通过获得政府支持、与车位管理商合作，获得免费或优惠价格车位。

各因素 4 年实现盈亏平衡的取值见表 8-4。

表 8-4 稳定运营期各影响因素盈亏平衡点

因素类别	因素名称	各因素 4 年实现盈亏平衡的取值			
		购车自建桩	购车委托建桩	租车自建桩	租车委托建桩
关键因素	车辆购置单价	6.5 万元	5.6 万元	—	—
	车辆租赁单价	—	—	2.1 万元/年	2 万元/年
	分时租赁单价	29 元/h	30.4 元/h	29.5 元/h	30 元/h
	单车日均租赁时长	3.8h	4.1h	3.9h	4h
影响较大因素	人车比	1∶7.1	1∶11.6	1∶8.3	1∶10
	车位租赁费	0.39 万元/年	0.29 万元/年	0.39 万元/年	0.31 万元/年
	充电单价	1.25 元/(kW·h)	1.47 元/(kW·h)	1.09 元/(kW·h)	1.58 元/(kW·h)
	车辆百公里耗电量	18.2kW·h	14.9kW·h	18.8kW·h	16kW·h

8.3 能源环境效益评估结果与展望

8.3.1 现状评估

1. 关键参数取值

为便于计算，选取某分时租赁公司的某特定车型进行能源环境效益评估。

1）车型主要参数。该车型主要参数见表 8-5。

表 8-5 某车型主要参数

项目	参数
整车质量/kg	995
动力电池质量/kg	228
动力电池质量占比（%）	22.9
动力电池容量/kW·h	18
动力电池类型	磷酸铁锂
百公里电耗/(kW·h)	13

2）能量消耗率。该车型工信部公告百公里电耗为 13kW·h。对该车型进行实验和实际能量消耗率测试。在高温（30℃）开空调制冷、低温（0℃）

开空调制热、低温（0℃）不开空调三种实验环境下，百公里电耗分别为18.8kW·h、28.7kW·h、14.9kW·h。该公司实际运营统计的百公里电耗为15.9kW·h。

3）单车日均行驶里程。私家燃油汽车日均行驶里程表示为 l_{icev}。根据2017年北京交通发展研究院发布的《2017年中国六城市新能源汽车消费者调查》，将该公司所在地私家车日均出行里程设定为33.2km。

分时租赁电动汽车日均行驶里程表示为 l_{bev}。根据该公司电动汽车统计数据，选取车型在2017年1—12月间日均行驶里程为13~35km，l_{bev} 取平均值为19.3km，如图8-35所示。

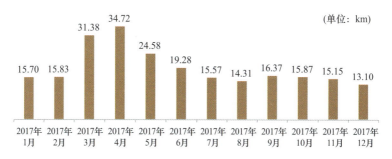

图8-35　2017年1—12月选取车型单车日均行驶里程统计

4）单位电力生产能耗及排放。运营城市电网单位电力生产能耗及排放，见表8-6。

表8-6　运营城市电网单位电力生产能耗及排放

参　　数	含　　义	单　　位	参数取值
E_{electr}	单位电力生产过程总能耗	MJ/kW·h	5.47
$GHGs_{electr}$	单位电力生产过程温室气体排放（CO_{2-eq}）	kg/kW·h	0.43
CO	单位电力生产过程常规污染物排放	kg/kW·h	6.99E-04
SO_2			2.63E-03
NO_x			2.75E-03
NMVOCs			1.76E-04
PM			1.15E-03

注：选取某特定车型，电力采用运营所在城市2016年平均电力结构计算。

2. 评估结果

1)车辆周期能源环境效益。利用车辆全生命周期能源环境效益评估模型,计算得到分时租赁电动汽车选取车型和私家燃油汽车周期能耗及排放,见表8-7、表8-8和表8-9。

表8-7 车辆周期总能耗 （单位：MJ）

参　数	含　义	参　数　取　值
E_{icev}	传统燃油汽车生产过程能耗（含回收过程）	197374
E_{bev}	电动汽车生产过程能耗（含回收过程）	117120
$E_{battery}$	动力电池生产过程能耗	12979

表8-8 车辆周期温室气体排放 （单位：kg）

参　数	含　义	参数取值（CO_{2-eq}）
$GHGs_{icev}$	传统燃油汽车生产过程温室气体排放	13941
$GHGs_{bev}$	电动汽车生产过程温室气体排放	8253
$GHGs_{battery}$	动力电池生产过程温室气体排放	944

表8-9 车辆周期常规污染物排放 （单位：kg）

参　数	参　数	参数取值
燃油汽车生产	CO	89.2
	SO_2	84.5
	NO_x	38.8
	NMVOCs	3.87
	PM	110
电动汽车生产	CO	67.7
	SO_2	89.6
	NO_x	31.7
	NMVOC	3.49
	PM	79.7
动力电池生产	CO	8.14
	SO_2	18.7
	NO_x	3.59
	NMVOCs	0.238
	PM	8.80

2）全生命周期单车能源环境效益。综合考虑车辆生产及运营，与运营商所在地私家燃油汽车相比，某电动汽车在当前运营状况下的能源环境效益见表 8-10。

表 8-10 某车型单车能源环境效益

	总能量消耗/GJ	温室气体排放/t CO_{2-eq}	常规污染物排放合计/t	CO/t	NO_x/t	SO_2/t	NMVOCs/t	PM/t
车辆周期	−136.14	−9.67	−0.2721	−0.068	−0.032	−0.090	−0.004	−0.080
运营阶段	42.17	2.29	0.8631	0.860	−0.001	−0.008	0.016	−0.004
二手车阶段	0	0	0	0	0	0	0	0
合计	−93.97	−7.39	0.5910	0.792	−0.033	−0.098	0.012	−0.083

由车辆周期、运营阶段和二手车阶段的评估结果可知，2015—2017年某车型分时租赁出行在能量消耗、温室气体排放方面不具备正向效益，在常规污染物排放方面总体具备正向效益，但在NO_x、SO_2及PM排放三个子项目方面，不具备正向效益。如果仅考虑运营阶段，则能源环境效益始终为正向。

车辆周期不具备能源环境效益，主要源于当前分时租赁电动汽车日均行驶里程小于私家燃油汽车，无法替代燃油汽车出行，增加了车辆生产、报废回收的总能源消耗和环境排放。分时租赁运营阶段具备能源环境效益，主要源于电力生产过程中的能源环境排放小于汽油生产燃烧过程，分时租赁运营阶段的总能耗、温室气体排放及部分常规污染物排放（CO、SO_2、NMVOCs）低于运营商所在城市私家燃油汽车。二手车运行阶段能源环境效益为零，因为所有电动汽车尚处于分时租赁运营阶段。

3）全生命周期运营商能源环境效益。根据运营强度的能源环境效益，3000辆分时租赁电动汽车运营一年对某市能源环境的影响：每年汽油消耗减少1853t，每年电力消费量增加3.36GW·h，对电网影响非常小，仅占该市电力消费总量的0.07%。温室气体排放量增加8863.3t CO_{2-eq}，常规污染物排放量减少709t。其中，CO排放量减少950.5t，SO_2排放量增加39.32t，NO_x排放量增加116.63t，NMVOCs排放量减少14.63t，PM排放量增加100.01t。

8.3.2 分析与展望

基于某分时租赁电动汽车实际运营状态下的能源环境效益，分析日均行驶里程、车辆能量消耗率、环境温度、分时租赁运营年限、车辆级别和电网结构等因素对能源环境效益的影响。

1. 日均行驶里程

1）能耗效益。改变日均行驶里程对分时租赁电动汽车能耗效益的影响，如图8-36所示。

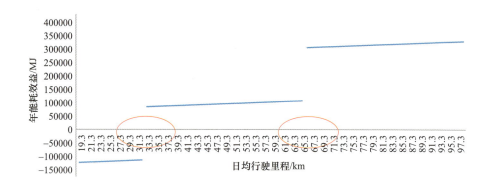

图8-36　日均行驶里程变化对能耗效益的影响

由图8-36可知，车辆能耗效益随车辆日均行驶里程增加而增长，但并非线性增长，而是分段跳跃式增长，跳跃点受私家燃油汽车出行习惯、公共交通发展情况影响。

如果仅考虑分时租赁运营阶段，当分时租赁车辆确定时，运营阶段的能耗效益随车辆日均行驶里程的增加线性增长。以某车型为例，日均行驶里程每增加1km，（运营阶段）能耗效益增长5.2%。

2）温室气体排放效益。日均行驶里程对车辆温室气体排放效益的影响，如图8-37所示，影响趋势与能耗效益一致。

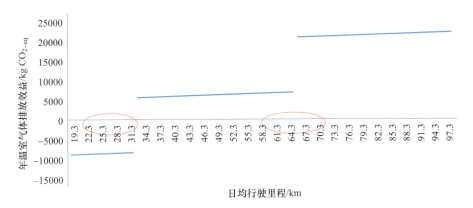

图 8-37　日均行驶里程变化对温室气体排放效益的影响

3）常规污染物排放效益。常规污染物排放效益随日均行驶里程的增加分段式增长，如图 8-38 所示。

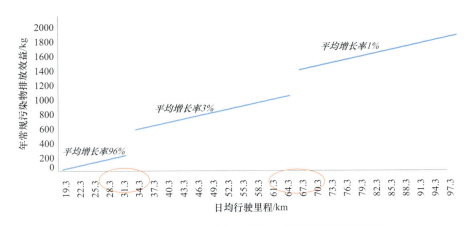

图 8-38　日均行驶里程变化对常规污染物排放效益的影响

每段常规污染物排放的增长率随日均行驶里程的增加逐渐降低。以某车型为例，当替代私家燃油汽车的数量为 0 时，常规污染物排放效益随日均行驶里程平均增长率为 96%；当替代私家燃油汽车的数量为 1 时，常规污染物排放效益随日均行驶里程平均增长率为 3%；当替代私家燃油汽车的数量为 2 时，常规污染物排放效益随日均行驶里程平均增长率为 1%。

如果仅考虑分时租赁运营阶段，则日均行驶里程每增加 1km，常规污染物排放效益增加 5.2%。

如图 8-39 所示，常规污染物排放效益随日均行驶里程增加而分段跳跃式变化，但各段变化趋势不同。NO_x、SO_2、PM 排放效益在各段内随日均行驶里程增加下降，CO、NMVOCs 排放效益在各段内随日均行驶里程增加增长。这主要源于某市电网结构下单位电力生产过程的 NO_x、SO_2、PM 排放大于单位汽油生产过程。车辆日均行驶里程每增加 1km，NO_x、SO_2、PM 排放效益分别减少 0.02kg、0.13kg、0.06kg，CO、NMVOCs 分别增加 14.85kg、0.27kg。

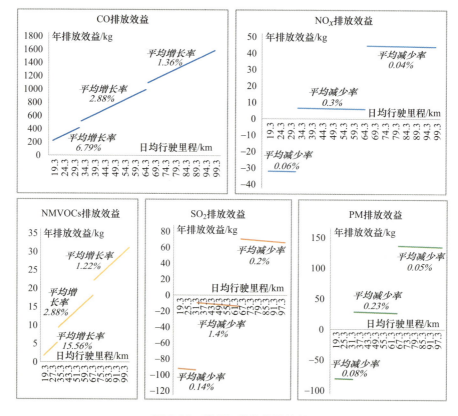

图 8-39　常规污染物排放效益

2. 能量消耗率

分时租赁电动汽车能量消耗率主要对运营阶段的能源环境效益产生影响。利用某车型在不同工况下的能量消耗率，分析其对能源环境效益的影响，如图 8-40 所示。

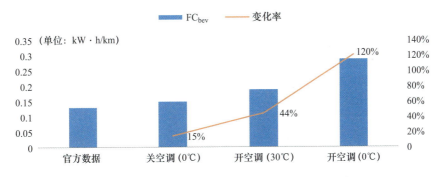

图 8-40　某车型在不同实验温度下的能量消耗率及变化

如图 8-41 所示，分时租赁电动汽车能源环境效益随能量消耗率的增加而下降。当分时租赁电动汽车日均行驶里程与私家燃油汽车相等时（即 $l_{bev}=l_{icev}$），分时租赁电动汽车的能量消耗率每增加 0.01kW·h/km（即百公里电耗增加 1kW·h），分时租赁电动汽车单车能源消耗量（ΔE）下降 0.76%，年节碳量（$\Delta GHGs$）下降 0.82%，年常规污染物排放量（ΔE_m）下降 0.147%。

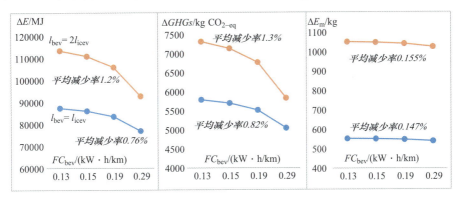

图 8-41　能量消耗率对车辆能量环境效益的影响

分时租赁电动汽车能源环境效益随能源消耗率增加的减少率，会随日均行驶里程的增加而增大。当分时租赁电动汽车日均行驶里程是私家燃油汽车日均行驶里程的 2 倍时（即 $l_{bev}=2l_{icev}$），分时租赁电动汽车能量消耗率每增加 0.01kW·h/km，单车年能源消耗量（ΔE）下降 1.2%，年节碳量（$\Delta GHGs$）下降 1.3%，年常规污染物排放量（ΔE_m）下降 0.155%。

3. 环境温度

环境温度通过改变车辆百公里耗电量来影响分时租赁电动汽车能源环境效

益。通过对比常温与高、低温条件下典型车型的能源环境效益,量化分析环境温度对能源环境效益的影响,如图 8-42 和图 8-43 所示。

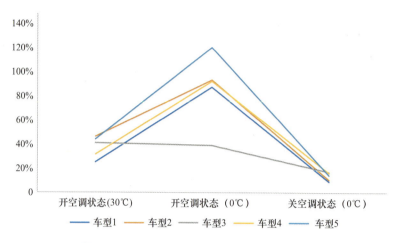

图 8-42 环境温度对车辆百公里耗电量的影响

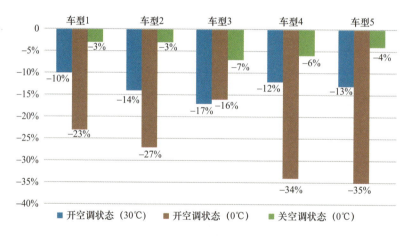

图 8-43 环境温度对各车型运营阶段能耗效益的影响

由图 8-43 可知,高温或低温都会增大车辆百公里耗电量,百公里耗电量越大,运营阶段能耗效益越低,尤其在低温环境且空调制热或高温环境且空调制冷情况下,能耗效益下降更显著。

不同电动汽车对环境温度适应性不同。相比其他车型,在不同环境温度下,车型 3 能耗效益平均变化率最低。

4. 分时租赁运营年限

计算不同运营年限下的分时租赁电动汽车能源环境效益，如图 8-44 所示。

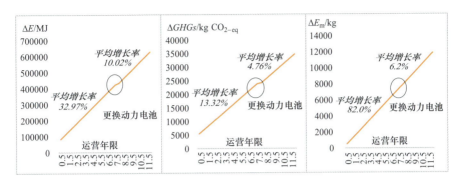

图 8-44　分时租赁运营年限对能源环境效益的影响

由图 8-44 可知，分时租赁电动汽车能源环境效益随运营年限增加而提高，更换动力电池不会改变这一趋势，但会降低增长幅度。在更换动力电池前，运营时间每延长 1 年，分时租赁电动汽车能源消耗效益（ΔE）增加 32.97%，相比私家燃油汽车节碳量（$\Delta GHGs$）增加 13.32%，常规污染物排放量（ΔE_m）增加 82%。更换动力电池后，运营时间每延长 1 年，分时租赁电动汽车能源消耗效益（ΔE）增加 10.02%，相比私家燃油汽车节碳量（$\Delta GHGs$）增加 4.76%，常规污染物排放量（ΔE_m）增加 6.2%。

如图 8-45 所示分时租赁运营年限对不同常规污染物的影响存在差异，CO、NMVOCs 排放效益随运营年限增加而增加，NO_x、SO_2、PM 排放效益随运营年限增加而降低。这主要源于电力生产过程中的 NO_x、SO_2、PM 排放量

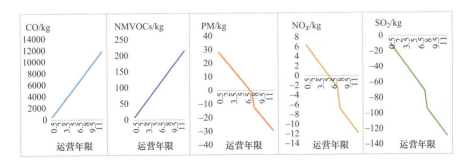

图 8-45　分时租赁运营年限对常规污
染物排放效益的影响

大于汽油生产燃烧产生的排放量,因此分时租赁电动汽车运营阶段的排放效益为负,运营年限越长,排放效益越低。

5. 电网结构

从全生命周期的角度,不同电网结构对车辆生产、使用、报废等环节的能源环境效益会产生重要影响。对比分析分时租赁运营商所在地的电网与国家电网两种电网结构下的某车型能源环境效益,如图 8-46 所示。

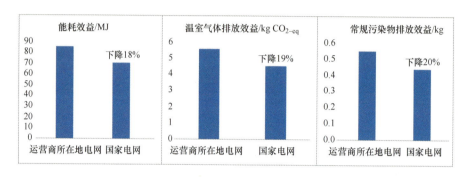

图 8-46　电网结构对能源环境效益的影响

由图 8-46 可知,相比国家电网,采用运营商所在地电网数据,车辆能耗效益下降 18%,温室气体排放效益下降 19%,常规污染物排放效益下降 20%。因此,运营商所在地电网结构中可再生能源占比越高,电动汽车分时租赁模式的能源环境效益就越好。

6. 车辆级别对能源环境效益的影响

选择 3 款典型分时租赁电动汽车,分别为 A 级、A0 级和 A00 级,三款车相关参数如图 8-47 所示。

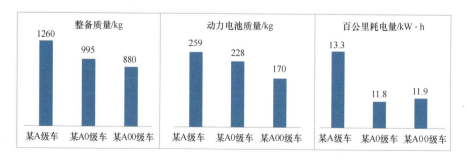

图 8-47　车辆主要参数对比

通过计算对比分析各车型的能耗效益，如图 8-48 所示。

图 8-48 能耗效益对比

由图 8-48 可知，整备质量或动力电池质量与生产阶段能耗正相关，整备质量越大，能耗效益越小。与 A 级车相比，A00 级、A0 级车的能源环境效益更佳。因此从环保角度，应优选 A00 级、A0 级等小微车型作为运营车辆。

7. 分时租赁电动汽车与私家电动汽车能源环境效益对比

与私家燃油汽车相同，当分时租赁电动汽车出行里程与私家电动汽车相当时，具有显著的节能减排效果，且分时租赁车辆使用量越大，分时租赁能源环境效益越突出，如图 8-49 所示。

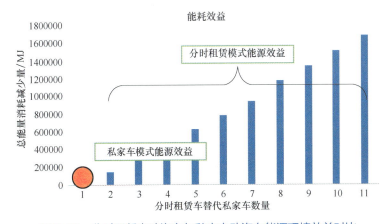

图 8-49 分时租赁电动汽车与私家电动汽车能源环境效益对比

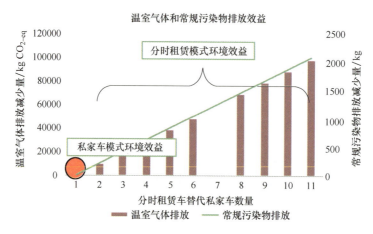

图 8-49 分时租赁电动汽车与私家电动汽车能源环境效益对比(续)

8.4 动力电池回收利用

8.4.1 光储充系统简介

光储充系统由光伏系统、储能系统和充电系统构成。

1. 光伏系统

如图 8-50 所示,光伏板安装在办公区楼顶及充电站顶棚处,场地占地面积为 300m^2,按常用安装与维护原则,可安装 42 块 240W_p 多晶硅光伏组件板,装机容量为 10.08kW,配套光伏变换器容量为 15kW。

根据运营商所在地的太阳辐射能量、系统组件总功率、系统总效率等数据,可预测项目年均发电量约为 1.4 万 kW·h。

2. 储能系统

如图 8-51 所示,储能系统由储能蓄电池组构成,在系统中起到能量储存和调节作用。当光伏发电量过剩时,储存多余的电能;当光伏发电量不足时,由储能蓄电池组(或与交流配电网一起)向电

图 8-50 光伏系统

动汽车充电。

储能系统采用经分解重组的分时租赁报废动力电池。对原机箱进行改造并加以利用。各动力电池机箱通过 BMS 内部通信将各动力电池数据传到主控机箱，由主控机箱控制动力电池的充放电保护和温度保护功能，安全可靠。

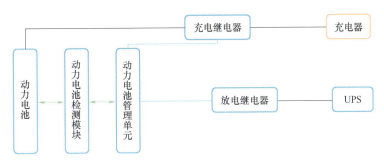

图 8-51 储能系统

3. 充电系统

如图 8-52 所示，已安装的充电设备有：若干台 50kW 直流充电桩、若干台 15kW 直流充电桩、若干台 7kW 交流充电桩，外加办公日常用电 100kW，预估总共功率约 313kW。光储充系统必须采用微网模式，这样能在光伏不足时，由市电进行电能补充，满足终端功率需求。

图 8-52 光储充系统外观

8.4.2 动力电池回收体系

通过光储充系统，运营商建立了动力电池回收体系，如图 8-53 所示。

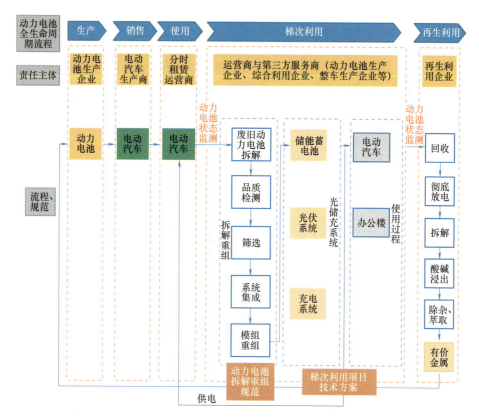

图 8-53　分时租赁运营动力电池回收体系

动力电池生产后，销售给电动汽车生产商，经过分时租赁用户使用后，运营商根据国家标准进行余能检测，对不符合使用标准的废旧动力电池，委托第三方服务商进行拆解、品质检测、筛选、系统集成和模组重组等工作，同时委托第三方服务商进行光储充系统建设，建成后由储能蓄电池和光伏系统向电动汽车和办公楼供电。使用一段时间后，对储能蓄电池进行余能检测，如果已不符合使用要求，则进入再生利用程序，提取的有价金属可直接应用到新动力电池中。

通过上述闭环回收体系，可有效解决分时租赁电动汽车的废旧动力电池回收利用问题，降低对环境的污染。

第 9 章 结论与展望

9.1 主要结论及建议

9.1.1 商业模式

1. 结论

通过商业模式和经济性评估，可得主要结论如下。

1）在当前实际运营情景下，电动汽车分时租赁运营商在短期内（例如 4 年）较难实现盈利。主要原因如下：

a. 成本端。在运营前几年，分时租赁运营商处于成本投入期，初始投入成本较大。在前几年的累积成本中，车辆购置等固定成本占比较高。以书中所述案例为例，前 3 年累积成本中，固定成本占比达 77%。

b. 收益端。目前，电动汽车分时租赁市场仍处于培育期，日均订单量、日均行驶里程、日均使用时长等运营指标均未达理想状态。以目前的平均分时租赁定价水平来看，如果要在 4 年内达到盈亏平衡，则所需单车日均订单量将达到难以实现的水平。总之，分时租赁项目在收益端仍有进一步提升的空间。

2）当前市场和技术条件下，在电动汽车分时租赁运营商的成本中，占比最大的是车辆成本和运营成本。本书所述案例中，二者成本之和，在 3 年累积成本中占比达 78%，8 年累积成本中达 74%。

3）在已知电动汽车分时租赁运营商成本构成等条件的情况下，设定公司的合理投资回收期，通过本书构建的经济性评估模型，可得关键参数的盈亏平衡点，为运营商提供不同运营策略选择。

4）根据案例的实际运营数据分析，得出影响电动汽车分时租赁经济性的因素众多，按重要程度排序，关键因素依次为：车辆购置/租赁单价、分时租赁单价、单车日均租赁时长。影响较大因素依次为：人车比、车位租赁费、充电单价和车辆百公里耗电量等，具体见表9-1。

表 9-1 分时租赁经济性影响因素表

因 素 类 别	因 素 名 称
关键因素	车辆购置单价
	车辆租赁单价
	分时租赁单价
	单车日均租赁时长
影响较大因素	人车比
	车位租赁费
	充电单价
	车辆百公里耗电量

2. 建议

（1）总体建议　综合来看，电动汽车分时租赁运营商可通过采取降本增效系列措施改善经济性，提高盈利能力。

1）降低成本方面

a. 车辆方面：运营商由购置车辆改为租赁车辆，减少前期投入成本。

b. 充电网络方面：由充电设施服务商为车辆提供充电服务，减少运营商整体充电成本。

c. 维保体系方面：分时租赁运营商可作为企业客户，与保险公司商谈针对电动汽车的保险品种和保险费率，获得优惠价格，降低保险成本。

d. 运营方面：争取政府支持，与车位提供商开展合作，获得免费或优惠车位，降低车位成本。

2）增加效益方面

a. 运营方面：通过网点合理布局提升订单量，适当提高租赁单价以增加租赁收益。

b. 增值方面：依托用户出行数据和车辆性能数据为客户提供大数据服务。开展车身广告和网点广告业务，增加广告收入。

(2)车辆选型　车辆成本是运营商成本构成中占比最大的,且中长周期内占比仍呈上升趋势,因此应给予这部分成本特别重视。运营商在选择运营车辆时,应注意以下问题:

1)尽可能与整车厂合作,通过团购方式以尽可能低的成本获得车辆。

2)对于未能与整车厂开展合作的运营商,可选择租车模式以减少前期资金占用。

3)优先选择 A00 级车作为运营车辆。

4)选择质量可靠、稳定性好的车型。

5)在各项指标相近的前提下,车辆购置单价、租赁单价和百公里耗电量等指标值应低于表 9-2 中的指标值。

表 9-2　分时租赁车辆选型关键参数值

模　　式	购车自建桩	购车委托建桩	租车自建桩	租车委托建桩
车辆购置单价	6.5 万元	5.6 万元	—	—
车辆租赁单价	—	—	2.1 万元/年	2 万元/年
车辆百公里耗电量	18.2kW·h	14.9kW·h	18.8kW·h	16kW·h

3. 充电网络

自建桩模式,分时租赁运营商负责充电桩的建设、维护和车辆的充电,需投入固定资产,且有充电成本。委托建桩模式,充电桩的建设和维护由充电设施服务商负责,分时租赁运营商仅负责车辆充电。委托建桩模式无固定资产投入,仅有充电成本。

委托建桩模式运营前期投入的资金和人力少于自建桩模式,运营强度越大,自建桩和委托建桩模式的累积成本平衡年限越短。因此,在分时租赁运营前期车辆使用强度较低的情景下,应优先选择委托建桩模式,这样会使分时租赁运营商的充电总成本相对较低。当车辆使用强度(日均租赁时长)增长到一定程度时(案例中为日均租赁时长达 3.5h),应优先选择自建桩模式,以获得相对较低的充电总成本。

4. 运营

在运营成本中,人工和车位成本占比大,且呈上升趋势。车位属于关键资源,除在成本构成中占比较大外,能否获取足够的车位资源,是能否开展分时租赁运营的决定性因素之一。系统平台和网点建设均属前期一次性投入，后期仅有维护成本，占比将持续下降。

（1）成本方面

1）人工成本：分时租赁运营商可通过升级调度系统，提高调度效率，降低人车比，从而减少人工成本占比。

2）车位成本：分时租赁运营商应争取到政府支持，并与车位提供商开展合作，获得较多免费或优惠车位，以减少车位成本。

（2）收益方面

1）订单量方面：通过网点合理布局提升订单量。适当提高租赁单价以增加租赁收益。通过设计租赁套餐，例如 17：00—次日 9：00 的包时段套餐，满足用户上下班和夜间生活出行需求，增加用户黏度，提高订单量。

2）租赁单价方面：初期可制定低价吸引用户的策略，随着用户黏性的不断提高，未来可将价格适当提高，使其处于用户可接受范围内，例如前文案例的定价，在用户黏性达到一定程度后，将定价由 20 元 /h 提高到 30 元 /h。

3）其他业务收入方面：可通过提供用户出行数据和车辆性能数据服务，开展车身广告和网点广告业务，增加大数据、广告等增值业务收入。

5. 维保体系

保险成本是维保体系的主要成本，占比达 64%。由于电动汽车按补贴前价格计算保险费用，保险成本相对同级别燃油汽车高约 40%。未来，保险公司可能推出针对电动汽车的新保险品种。分时租赁运营商也可作为企业客户，与保险公司商谈保险费率，获得优惠价格，以降低保险成本。

9.1.2 能源环境效益

基于对电动汽车分时租赁运营的能源环境效益评估，可得出如下结论：

1）在当前实际运营情景下，分时租赁运营尚不具备能源环境效益。

当前运营状态下，大部分分时租赁车辆日均行驶里程远小于私家车，分时租赁电动汽车无法替代私家燃油汽车出行。这种情况下，分时租赁车辆的增加将增加运营地区的能耗和温室气体排放。

2）影响电动汽车分时租赁能源环境效益的关键因素包括车辆日均行驶里程、百公里耗电量、环境温度、分时租赁运营年限、车辆级别、运营区域电网结构等。

3）从全生命周期角度看，电动汽车分时租赁并不天然具备能源环境效益，要具备能源环境效益，需达到一定条件。

日均行驶里程是影响能源环境效益的关键因素之一，要实现能源环境效益目标，分时租赁电动汽车日均行驶里程就应大于或等于私家燃油汽车，以实现对后者的完全替代。

4）环境条件对能源环境效益有显著影响。环境条件主要包括环境温度和区域电网结构。环境温度通过影响车辆能量消耗率对能源环境效益产生影响。在低温空调制热环境下，电动汽车的能源环境效益最低。

与常温相比，0℃环境开空调制热的能源环境效益下降16%~35%。因此，相比低温天气较多的北方地区，在温度条件更好的南方地区开展电动汽车分时租赁业务的能源环境效益更好。

电网结构对车辆生产、使用、报废全生命周期各环节都会产生影响。与使用某地较清洁的电网电相比，全国电网结构下的电动汽车分时租赁能源环境效益会下降18%~21%。因此，在可再生能源占比较高的地区开展电动汽车分时租赁业务的能源环境效益更好。

5）可从车辆选型、运营水平提升两方面改善能源环境效益。在车辆选型方面，选择整备质量较小的A0级、A00级车，车辆级别越高，整备质量越大，生产阶段能源环境效益越低。另外，能源环境效益随能量消耗率增加而降低，选择能量消耗率小的车型，以前文案例中车型为例，能量消耗率每增加0.01kW·h/km，单车年能耗效益将下降0.76%。

在运营水平提升方面，日均行驶里程越长，替代私家车数量越多，能源环境效益越高。在本书所述案例中，如果仅考虑运营阶段，则日均行驶里程每增加1km，单车能源环境效益就增加5.2%。另外，应尽可能增加车辆运营年限，能源环境效益随运营年限增加而提高。在本书所述案例中，如果不考虑动力电池更换问题，则运营时间每延长1年，能耗效益提高32.97%。

综上，只有提高分时租赁电动汽车日均行驶里程，实现分时租赁电动汽车替代私家车出行，降低生产阶段负向效益，增加运营阶段正向效益，才有望使分时租赁电动汽车全生命周期内具备能源环境效益。

9.1.3 动力电池回收利用

根据前文的分时租赁电动汽车动力电池回收利用分析，可得如下结论：

1）退役磷酸铁锂动力电池再生利用不具备经济效益，但由于其具有耐高温、循环寿命长、安全系数高、稳定性好等优点，在通信基站、储能等梯次利用场景中具有较大经济效益。

2）与磷酸铁锂动力电池相比，三元锂动力电池再生利用经济效益高。在回收技术选择上，由于目前回收规模较小，物理法回收经济性较高，但回收材料的产品纯度较差。未来，随着正极材料成本上涨、退役三元锂动力电池数量增加，湿法回收技术将更具经济和环境效益。

3）法律规范、政策标准体系建设对动力电池回收利用非常重要。

欧美国家动力电池回收利用管理体系的建立为我国提供了宝贵经验。对我国而言，制定动力电池回收方案和监管机制，是促进动力电池回收的当务之急。废旧动力电池回收工作，应遵循法律、政策先行的原则，建立健全相关法律、政策和标准，有效保障废旧动力电池回收工作的高效运行。构建具有经济性的动力电池回收商业模式或体系有利于动力电池的高效回收。

另外，需要重视动力电池回收的相关教育，通过加强教育，使动力电池回收的理念深入人心，培养消费者回交报废动力电池的主动性和积极性。

4）分时租赁电动汽车动力电池的回收利用前景广阔。作为动力电池分时租赁运营商，有责任将动力电池的回收利用问题纳入到整个商业模式中加以考虑。

9.2 运营商发展对策及展望

9.2.1 发展对策

基于对电动汽车分时租赁运营商建立的商业模式经济性评估模型、能源环境效益评估模型及实际案例分析，可以看出，目前电动汽车分时租赁运营商要实现盈利和正向能源环境效益都是十分困难的，需要综合各方面发展因素，提出应对策略。

在分时租赁车辆运营方面，应通过采取合理设置网点数量和分布、设置低价策略等方式激励用户增加使用分时租赁车辆的强度，以提高运营的经济性和能源环境效益。另外，应通过升级调度系统等技术手段，加强与政府、车位提供商和保险商等利益相关部门的合作关系，同时探索广告等新型增值模式，这有利于更早实现盈亏平衡。

在车辆选型上，从经济性和能源环境效益角度看，应选择重量较低、价格相对较低、能量消耗率较低、耐久性较好的微型或小型车辆。当前运营状态下，对于前期资金相对紧张的企业，应优先选择租赁价格相对较低的 A00 级车型。除选择适宜车型外，运营商还应通过制定合理的奖惩措施来培养用户的文明用车习惯。

在运营地区的选择上，应优先选择年均温度相对较高的南方地区，以及电网中可再生能源发电占比较高的地区，这在降低车辆运营成本的同时，还可提升能源环境效益。

9.2.2 发展展望

随着车辆技术的进步，电动汽车分时租赁运营商的车辆成本等固定成本仍有一定下降空间。此外，随着车辆运营规模的不断扩大，单车运营费用也将逐步下降。随着共享理念的不断深入，人们对共享出行方式的接受度会越来越高，分时租赁电动汽车的日均出行里程也会呈增加趋势。我们相信，在不久的将来，分时租赁电动汽车将成为人们的重要交通出行方式，分时租赁商业模式的经济性和能源环境效益也将迎来正向发展。

致 谢

蔡国钦、郭亮、黄妙华等人对本书的出版给予了大力支持和悉心指导,特此致谢!

参 考 文 献

[1] SHAHEEN S A, COHAN A P.Carsharing and personal vehicle services: worldwide market developments and emerging trends [J]. Sustainable Transportation, 2013, 7 (1): 5-34.

[2] BOYACI B, ZOGRAFOS K G, GEROLIMINIS N. An optimization framework for the development of efficient one-way carsharing systems [J]. European Journal of Operational Research, 2015, 240 (3): 718-733.

[3] AXSEN J, BURKE A, KURANI K. Batteries for plug-in hybrid electric vehicles (PHEVs): goals and the state of technology circa 2008 [R/OL]. (2008-05-01) [2021-02-03]. https://escholarship.org/content/qt1bp83874/qt1bp83874.pdf.

[4] CRANE K, ECOLA L, HASSELL S. An alternative approach for identifying opportunities to reduce emissions of greenhouse gases [J].Technical Report, 2012, (2): 9-12.

[5] KING C, GRIGGS W, WIRTH F.Using a car sharing model to alleviate electric vehicle range anxiety [J/OL]. (2013-06) [2021-02-07]. http://www.hamilton.ie/smarttransport/publications/16thYaleWorkshopJune2013.pdf.

[6] 中国汽车工程学会.中国汽车智能共享出行发展报告2019 [R/OL]. (2020-01-17) [2021-02-03].http://m.sae-china.org/a3441.html.

[7] 宋杰.电动汽车租赁的上海模式：先抢市场，不谈盈利 [N/OL].中国经济周刊,（2015-12-7）[2021-03-23]. http://finance.sina.com.cn/2015-12-07/doc-ifxmihae9214515.shtml.

[8] 中国产业信息网：2016年中国电动汽车分时租赁行业市场现状及发展前景预测 [EB/OL]. (2016-08-29) [2021-02-07]. http://www.chyxx.com/industry/201608/442496.html.

[9] 赵玮.车企缘何热衷于汽车共享 [J].汽车与配件, 2016, (25): 44-46.

[10] 高敏仪.分时租赁"金融经" [J]. 21世纪商业评论, 2015 (8): 75.

[11] CORREIA G H A, ANTUNES A P. Optimization approach to depot location and trip selection in one-way carsharing systems [J].Transportation Research Part E: Logistics and Transportation Review, 2012, 8 (1): 233-247.

[12] Zipcar. Zipcar overview [EB/OL]. [2021-02-07]. https://www.zipcar.com/press/overview.

[13] Park24 group. 2019 integrated report [EB/OL]. [2021-02-07]. https://www.park24.co.jp/en/company/about/group.html.

[14] SHAHEEN S A. Mobility and the sharing economy [J]. Transport Policy, 2016, (51): 141-142.

[15] Daimler Group.Daimler at a Glance Financial Year 2016 [R/OL]. [2021-02-07].https://www.daimler.com/documents/investors/berichte/geschaeftsberichte/daimler/daimler-ir-daimlerataglance-en-2016.pdf.

[16] Daimler Group.Daimler Annual Report 2019 [R/OL]. (2020-02-21) [2021-02-07].

https://www.daimler.com/documents/investors/reports/annual-report/daimler/daimler-ir-annual-financial-statements-entity-daimler-ag-2019.pdf.

［17］中华人民共和国交通运输部.小微型客车租赁经营服务管理办法（征求意见稿）［EB/OL］.（2020-08-06）［2021-02-07］.http：//www.moj.gov.cn/news/content/2020-08/06/zlk_3253730.html.

［18］李苏秀.中国新能源汽车产业商业模式创新动态演变研究［D］.北京：北京交通大学，2018.

［19］MORRIS M，SCHINDEHUTTE M，ALLEN J.The entrepreneur's business model：toward a unified perspective［J］.Journal of Business Research，2005，58（6）：726-735.

［20］RAPPA M. Managing the digital enterprise—business models on the Web［EB/OL］.（2008-9-2）［2021-3-1］..http：//digitalenterprise.org/models/models.html.

［21］AFUAH A，TUCCI C L. Internet business models and strategies：Text and cases［M］.Boston：McGraw-HilllIrwin，2001.

［22］CHESBROUGH H W，ROSENBIOOM R S. The Role of Business Model in Capturing Value from Innovation：Evidence from Xerox Corporation's Technology Spinoff Companies［J］.Industrial and Corporate Change，2002，11（3）：529-550.

［23］STEWART D W，ZHAO Q. Internet marketing，business models，and public policy［J］.Journal of Public Policy & Marketing，2000，19（3）：287-296.

［24］HAWKINS E，SUTTON R. The potential to narrow uncertainty in projections of regional precipitation change［J］.Climate Dynamics，2411，37（1-2）：407-418.

［25］罗珉，曾涛，周思伟.企业商业模式创新：基于租金理论的解释［J］.中国工业经济，2005（7）：73-81.

［26］APPLEGATE L M.E-business models：making sense of the internet business landscape［J］.New York：Prentice Hall，2001.

［27］AMIT R，ZOTT C. Value creation in e-business［J］. Strategy Management Journal，2001（22）：493-520.

［28］DUBOSSON-TORBAY M，OSTERWALDER A，PIGNEUR Y. E-business model design，classification，and Measwrernents［J］.Thunderbird International Business Review，2002，44（1）：5-23.

［29］翁君奕.商务模式创新［M］.北京：经济管理出版社，2004.

［30］齐严.商业模式创新研究［D］.北京：北京邮电大学，2010.

［31］OSTERWALDER A，PIGNEUR Y，TUCCI C L. Clarifying business models：origins，present，and future of the concept［J］.Communications of the Association for Information Systems，2005，16（1）：1.

［32］KLEY F，LERCH C，Dallinger D. New business models for electric cars：a holistic approach［J］.Energy Policy，2011，（39）：3392-3403.

［33］TIMMERS P.Business models for electronic markets［J］.Journal on Electronic Markets，1998，S（2）：3-8.

［34］LAURISCHKAT K，VIERTELHAUSEN A，JANDT D. Business models for electric mobility [J]. Procedia CIRP, 2016, 47: 483-488.

[35] 王娜, 吴鹏飞, 张博. 我国电动汽车充电基础设施商业模式典型案例研究 [J]. 汽车工业研究, 2017, 05 (266): 18-25.

[36] WANG N, ZHANG B, WANG C. Empirical research of business model of electric vehicle charging infrastructures in semi-public areas [C]. Pittsburgh: American Society of Civil Engineers, 2018.

[37] JORGE D, CORREIA G H A, BARNHART C. Comparing optimal relocation operations with simulated relocation policies in one-way carsharing systems [J]. IEEE Transactions on Intelligent Transportation Systems, 2014, 15 (4): 1667-1775.

[38] CEPOLINA E M, FARINA A A. New shared vehicle system for urban areas [J]. Transportation Research Part C: Emerging Technologies, 2012, 21 (1): 230-243.

[39] FASSI A E, AWASTHI A, VIVIANI M. Evaluation of carsharing network's growth strategies through discrete event simulation [J]. Expert Systems with Applications, 2012, 39 (8): 6692-6705.

[40] JORGE D, MOLNAR G. Trip pricing of one-way station-based carsharing networks with zone and time of day price variations [J]. Transportation Research Part B, 2015, 81: 461-482.

[41] BALAC M, CIARI F, AXHAUSEN K W. Modeling the impact of parking price policy on free-floating carsharing: Case study for Zurich, Switzerland [J]. Transportation Research Part C: Emerging Technologies, 2017, 77: 207-225.

[42] XU M, MENG Q, LIU Z. Electric vehicle fleet size and trip pricing for one-way carsharing services considering vehicle relocation and personnel assignment [J]. Transportation Research Part B Methodological, 2018, 111: 60-82.

[43] YOON T, CHERRY C R, RYERSON M S, et al. Carsharing demand estimation and fleet simulation with EV adoption [J]. Journal of Cleaner Production, 2019, 206: 1051-1058.

[44] MUHEIM P. Carsharing—the key to combined mobility [J]. World Transport Policy & Practice, 1999, 5.

[45] SCHAEFER.T. Exploring carsharing usage motives: a hierarchical means-end chain analysis [J]. Transportation Research Part A: Policy and Practice, 2013, 47: 69-77.

[46] TUAN S F. Vehicle ownership restraints and car sharing in Singapore [J]. Habitat International, 2000, 24 (1): 75-90.

[47] BECKER H, CIARI F, AXHAUSEN K W. Comparing car-sharing schemes in Switzerland: user groups and usage patterns [J]. Transportation Research Part A Policy & Practice, 2017, 97: 17-29.

[48] HUANG Z Y. Probe into carsharing deployment in China urban motorization [J]. Urban Transport of China, 2004, 2, (3): 52-55.

[49] SHAHEEN M. Greenhouse gas emission impacts of carsharing in North American [J]. IEEE Transactions on Intelligent Transportation Systems, 2011, 12 (4): 1073-1086.

[50] SHAHEEN S A, COHEN A P, CHUNG M S. North American carsharing: 10-year retrospective [J]. Journal of the Transportation Research Board, 2009, 2110 (1): 5.

[51] 丁晓华，等. 电动汽车共享商业模式的发展［J］. 科技导报，2016（6）：105-110.
[52] 任美林，樊春燕. 浅析电动汽车的分时租赁商业模式［J］. 科技与创新，2015（22）：13-14.
[53] 纪雪洪，咸文文. 电动共享汽车盈利模式研究［J］. 汽车与配件，2015（50）：39-41.
[54] 王茜，方华. 新能源汽车分时租赁O2O模式研究［J］. 电子商务，2016（11）：1-2，6.
[55] 孔德洋，王敏敏，马丹. 电动汽车分时租赁动态定价策略研究［J］. 上海汽车，2017（1）：38-43.
[56] 赵永全，朱兴和. 共享新能源汽车分时租赁网点的布局分析［J］. 科技经济导刊，2018，26（15）.
[57] 谢昳辰，胡郁葱. 汽车分时租赁站点投放车辆规模模型研究［J］. 交通科学与工程，2018（2）：96-101.
[58] 孙欢欢. 车辆分时租赁模式下的用户预约分配优化模型的研究［D］. 北京：北京交通大学，2016.
[59] 张淼，惠英，汪鸣泉. 汽车共享对城市温室气体排放的影响［J］. 中国人口·资源与环境，2012（9）：48-53.
[60] 周彪，周溪召，李彬. 基于上海市消费者的汽车共享选择分析［J］. 上海理工大学学报，2014，36（01）：97-102.
[61] HUI Y, DING M T, ZHENG K, et al. Observing trip chain characteristics of round-trip carsharing users in China: a case study based on GPS data in Hangzhou city［J］. Sustainability，2017，9（6）.
[62] 张聪，黄凯，陈瑜. 高校学生创业的方向选择——以武汉理工大学新能源汽车分时租赁项目为例［J］. 企业改革与管理，2017（5）：62-63.
[63] 余荣杰，龙晓捷，涂颖菲，等. 基于低频轨迹数据的分时租赁驾驶人驾驶风格分析［J］. 同济大学学报：自然科学版，2019（10）：1463-1469.
[64] 石羞月，彭华涛. 发展我国新能源汽车分时租赁的财税政策研究［J］. 财会通讯：综合版，2017，000（001）：29-32.
[65] 中华人民共和国生态环境部，2018年中国机动车环境管理年报［R/OL］.（2018-06-01）［2021-02-07］. http://www.mee.gov.cn/hjzl/sthjzk/ydyhjgl/201806/P020180604354753261746.pdf.
[66] 北京交通发展研究院，2017年中国六城市新能源汽车消费者调查［R/OL］.（2017-10-31）［2021-02-07］. https://www.sohu.com/a/201480504_774854.
[67] 崔林. 铁锂电池在通信基站中的梯次利用实践［J］. 电子技术与软件工程，2018（12）：21.
[68] 李建林，修晓青，刘道坦，等. 计及政策激励的退役动力电池储能系统梯次应用研究［J］. 高电压技术，2015，41（08）：2562-2568.
[69] DUBARRY M, LIAW B Y. Identify capacity fading mechanism in a commercial LiFePO$_4$ cell［J］. Journal of Power Sources，2009，194：541-549.
[70] 中国汽车技术研究中心有限公司，2018年中国新能源汽车动力电池产业发展报告［M］. 北京：社会科学文献出版社，2018.
[71] 谢英豪，余海军，欧彦楠，等. 废旧动力电池回收的环境影响评价研究［J］. 无机盐

工业，2015，47（04）：43-46，61.
[72] 贾晓峰，冯乾隆，陶志军，等.动力电池梯次利用场景与回收技术经济性研究［J］.汽车工程师，2018（06）：14-19.
[73] 韩晓娟，张婳，修晓青，等.配置梯次电池储能系统的快速充电站经济性评估［J］.储能科学与技术，2016，5（04）：514-521.
[74] 丁辉.美国动力电池回收管理经验及启示［J］.环境保护，2016，44（22）：69-72.
[75] 黎宇科，高洋.德国动力电池回收利用经验及启示［J］.资源再生，2013（10）：48-50.
[76] 刘颖琦，李苏秀，张雷，等.梯次利用动力电池储能的特点及应用展望［J］.科技管理研究，2017，37（1）：59-65.
[77] 李震彪，黎宇科.我国新能源汽车动力蓄电池退役量预测［J］.资源再生，2018（09）：34-36.